果壳
科技有意思

给少年的科学书

果壳|编著　马洁 刘旸|审

遇见你
生物

人民邮电出版社
北京

图书在版编目（CIP）数据

给少年的科学书. 遇见你生物 / 果壳编著. -- 北京：
人民邮电出版社，2022.5
ISBN 978-7-115-56923-3

Ⅰ. ①给… Ⅱ. ①果… Ⅲ. ①科学知识－青少年读物
②生物学－青少年读物 Ⅳ. ①Z228.1②Q-49

中国版本图书馆CIP数据核字(2021)第137880号

◆ 编　　著　果　壳
　　审　　　　马　洁　刘　旸

　　责任编辑　胡玉婷
　　责任印制　陈　犇

◆ 人民邮电出版社出版发行　　北京市丰台区成寿寺路 11 号
　　邮编　100164　　电子邮件　315@ptpress.com.cn
　　网址　https://www.ptpress.com.cn
　　涿州市般润文化传播有限公司印刷

◆ 开本：700×1000　1/16
　　印张：10　　　　　　　　　　2022 年 5 月第 1 版
　　字数：139 千字　　　　　　　2025 年 9 月河北第 14 次印刷

定价：59.80 元

读者服务热线：(010)53913866　印装质量热线：(010)81055316
反盗版热线：(010)81055315

内容提要

　　本系列丛书是国内知名的科学文化品牌果壳为青少年编写的学科科普读物,精选有趣又有料的科学话题,旨在通过科普阅读的形式拓展青少年的知识面,全系列分为数学、物理、化学、生物、地理5个分册。本书为生物分册,介绍了生物和环境的关系、细胞生物学、生态系统、生物演化、生长发育等内容。书中以阅读笔记的形式,对专业名词做了精确注释,还做了知识点总结,与课标知识点相关联。本书不仅是对生物学学科知识的讲解,更着重于介绍生物学知识点在生产和生活中的实际运用,非常适合青少年读者阅读。

序

"即使我身陷果壳之中，仍自以为是无限宇宙之王。"

这是《哈姆雷特》中的一句台词，也是霍金的著作《果壳中的宇宙》名字的由来。果壳网的名字就来源于此，寓意谁都无法阻挡我们对于世界的好奇、探求真知的渴望。

少年阶段，是一个人一生中好奇心最旺盛的阶段。

可是，当下的少年，有学不完的课程和做不完的作业。我们周围有很多这样的少年。回想30年前，我们和大家一样也是少年。30年前的家长和老师，一样整天教导、督促、念叨着：只有刻苦学习才能考出好成绩，才能进入好大学，才能找到好工作……

30年的时间很长，中国的许多城市已经换了新的面貌；30年的时间也很短，中学生学习的知识似乎没有太大的改变。

我们觉得，果壳应该为少年做点什么。

于是，在几年前，我们和来自全国各地的上百个少年一起打造了"果壳少年"项目，由少年来出主意、审稿子，"果壳少年"的编辑们按照中学课本的学习进度，来组织编写文章。比如，学生们学习浮力，我们就讲自然界中的植物如何利用浮力漂洋过海传播种子；学生们学习酸碱度，我们就讲为什么胃酸没有把胃腐蚀掉……目的是打通课本知识、科学前沿和现实生活之间的界限，帮助少年们开阔视野，让孩子们知道书本里的知识并不只是干巴巴的一道道题，而是既能"高大上"，又能"接地气"。

如今，当年那些和我们一起编稿子的优秀少年们，很多已经考上了心目中理想的大学。但是这些曾经帮助过他们的文章，应该被传递下去。

于是，从这些稿件中，"果壳少年"团队精心挑选了174篇，重新编写、配图、设计、排版，以更适合中学生阅读的方式集结成书。它们是"果壳少年"团队、科学作者群、少年编委群、教研老师群共同努力的缩影和精华所在。

希望通过图书出版的方式，"果壳少年"的接力棒可以交到更多的少年手中。

多年来，果壳一直致力于"让科学流行起来"，今天果壳《给少年的科学书》要"让学习快乐起来"。

少年说

写给少年的书，让少年自己选择
特别感谢来自五湖四海、天南海北的少年编委团

　　我们这些少年编委是作为科学爱好者聚在一起的，平时讨论的内容也与科学相关。这种思维的碰撞，知识的交流，对我而言大有裨益——既能拓宽视野，又能增长见识，而且可以帮助我坚持对科学的爱好，长存好奇心。

——陕西科技大学 大一 杨若朴

曾就读于西安市西光中学

　　作为"果壳少年"编委，我有幸参与了科普文章的创作，见证了一篇篇文章的诞生。这些科普文章对我的影响是潜移默化的。高三时的生物考卷有很多大题是以一些前沿研究为背景的，还会有一道专门的科普阅读题。这时我才意识到，当时看过的那些文章在不知不觉中让我了解了很多科学知识，也让我具备了快速提取信息的能力。

——宁波诺丁汉大学 大一 厉佳宁

曾就读于北京师范大学附属中学

　　通过参加"果壳少年"编委的活动，我才发现相比研究我更喜欢传播知识，并且越来越明确以后想从事教师之类的工作。无论是课间跟同学讲题，还是单纯科普一些新奇知识，我都能感觉到欣喜。这段经历对我来说是一种启蒙，尤其是在最后的夏令营中的经历如今依然在深深影响着我。

——天津市第四十七中学 高三 赵祥宇

曾就读于北京景山学校远洋分校

　　作为一个在三四线小城市长大的孩子，在参与"果壳少年"科普工作的过程中，我近距离地感受到了大城市孩子灵动的思想！这极大地触动了我，也激励了我去做一些事情拓展自己的眼界，比如广泛的阅读。

——广东海洋大学 大一 车诗琳

曾就读于广东高州中学

主编说

这是果壳献给少年的一份大礼

很多人说，做科普的果壳一直有"好为人师"的情怀，大家也天然觉得，果壳积累了这么多年，应该有很多适合少年看的内容吧？

但是，真正开始做"果壳少年"这个项目，我们比做其他任何一个项目都更慎重。我们反复提出策划案，反复否定，终于在2017年年底，成立了项目组。

说实话，我们怀着忐忑的心情开始做第一轮调研——和中学老师交流需求。当时，我们特别怕碰一鼻子灰，担心如果老师觉得我们的工作没有必要该怎么办。幸运的是，在调研阶段和老师们的讨论，极大地鼓舞了项目组成员。当时还在北京市第四中学任教的朱岩老师，舍弃了午休时间和我们相会在学校门口的咖啡馆。他说，果壳应该做一些学校老师没精力弄的事情。他认为在中学阶段扩展视野，对孩子来说太重要了。

之后，我们还和中国人民大学附属中学的初中物理组老师开会讨论了中学生究竟需要什么样的文章。老师们听说果壳要专门给中学生做科普文章，都非常支持。因为老师们平时也需要想尽办法寻找各种素材，来帮助学生了解课本中的知识在真实生活中的应用,如果果壳能利用自己在科研圈和科普圈的作者和专家资源来做一些知识应用的整理,就能让教学如虎添翼。

于是,我们据此确定了自己的定位,参照初中的课标定主题。这样一来,同学们白天学到了什么知识点,晚上就能看到与之对应的科普文章。

这里汇集了一批最好的学者和科普达人

在这样的愿景下,我们在果壳内外挑选了最严谨、最专业、最适合做少年项目的科学编辑,在一个月内迅速搭建了团队,组成了一个小小的内容突击队。

组稿过程中,我印象最深刻的是策划期的打磨。

给中学生看的文章,需要格外谨慎,这是毋庸置疑的,也是果壳做内容一贯秉承的原则。但我们不知道,现在孩子们的阅读习惯和偏好是什么样的。我们只是模糊地觉得,文章不能太长、太晦涩,不然,作为课外读物就非常不合适了。

为了"迎合"他们的"口味",我们做了很多样稿,甚至尝试了一些网络文章流行的写法。但最后,我们还是否定了这些自作聪明的尝试,大家一致认为,给中学生看的应该是优质的内容和规范的文字。我们应该自己先判断出什么样的内容是优质的,这样才能让少年们知道好文章应该是什么样子的。

第一批作者是果壳作者中写作能力公认最好的学者和科普达人，有叶盛、云无心、王永亭、朱岩等。值得一提的是，我们还约了几位学生一起来创作。后来，一位学生撰写的演化相关的文章，成了"果壳少年"发布的第一篇文章。我们想要表达的是："果壳少年"的内容是为了少年的真实需求而创作的。

这里有百里挑一的少年编委

为了更贴近中学生的阅读能力，我们的每一篇文章，都是由十几个中学生审读过的。这批由中学生组成的少年团，叫作少年编委。邀请少年编委加入的目的是，避免中学生看不懂书中的文章或者对文章内容不感兴趣。果壳微信公众号每次发出少年编委的招募通知，都收到来自全国各地的几百份申请，我们并不要求少年编委是学霸，而是要求他们有广泛的阅读，有自己的爱好，并且愿意积极参与项目，毕竟在繁重的学习中，还需要每天看3~5篇文章，这是个不小的工作量。

令我们欣慰的是，少年编委的经历，让很多孩子发现了自己的兴趣点，甚至影响了他们的大学专业选择和未来职业规划。

如今，这些精心创作的文章即将出版，如果它们能够陪伴一代又一代的青少年快乐学习、快乐成长，我想，这可能是所有参与创作的作者、编辑、老师和少年编委都希望看到的事。

刘旸

如何使用这套书

本系列书共有5册，共有174篇文章，内容涉及数学、物理、化学、地理、生物。书中的每篇文章都从中学课本的知识点出发，挑选有趣的话题和角度撰写，并配合知识点的详解和剖析，拉近课本知识和日常生活、科学前沿的距离。这套书能帮助你充分理解和熟练掌握课本知识。

图解

这部分是对学科知识清晰而简单的提炼，你可以反复阅读，加深记忆，或者抄写、复印、剪贴到自己的笔记本上。

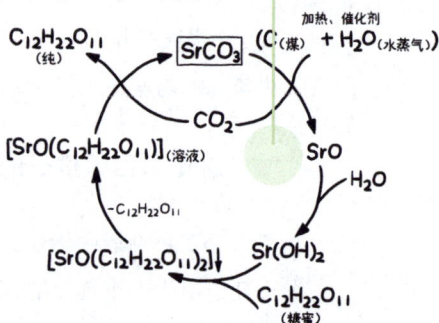

金属有故事

$$C_{12}H_{22}O_{11}\ (纯) \quad \xrightarrow{} \quad SrCO_3 \quad (C\ (煤)\ \xrightarrow{加热、催化剂}\ + H_2O\ (水蒸气))$$

$$[SrO(C_{12}H_{22}O_{11})]\ (溶液) \quad \xleftarrow{} \quad CO_2$$

$$SrO$$

$$H_2O$$

$$-C_{12}H_{22}O_{11}$$

$$[SrO(C_{12}H_{22}O_{11})_2]\downarrow \quad \xleftarrow{} \quad Sr(OH)_2$$

$$C_{12}H_{22}O_{11}\ (糖蜜)$$

锶法制糖流程图，氧化锶与蔗糖能以不同配比结合成多种化合物，图中仅示了1:2结合后的流程。

1849年，法国化学家首先注册了锶法制糖的专利。这项工艺在1869年被带入德国，之后被德国化学家卡尔·谢布勒改良。碳酸锶矿石在存在水蒸气的环境下煅烧后可以获得氢氧化锶。将氢氧化锶加入接近沸腾的糖蜜里，它就会和蔗糖反应生成难溶于水的蔗糖酸锶。虽然难溶于水，但是蔗糖酸锶可以溶解在氢氧化锶溶液里。再将二氧化碳通入其中，就可以还原成蔗糖溶液和碳酸锶沉淀。这样，在提取蔗糖的同时，大部分锶仍然可以循环使用。

对大多数糖厂来说，这项工艺不甚划算，**还不如把糖蜜直接拿去当饲料或是酿酒**。不过，德国本身有丰富的锶矿，因此谢布勒强烈推荐糖厂使用这项技术增加糖的产量。在第一次世界大战之前，甜菜制糖每年会使用10万~15万吨氢氧化锶。直到20世纪初，这项工艺仍在使用，不过用的是更廉价易得的钙而不是锶。

糖蜜是制作朗姆酒的主要原料。

正文

在阅读文章的过程中，你就会发现课本里的知识不再是冷冰冰的一道道题，比如学习摩擦力，你可以从沙堆、混凝土大坝，甚至指纹里找答案；学习排列组合，你可以在宿舍中找例子；学习季风，你可以和诸葛亮、曹操"聊聊天"……其实课本知识就在身边！

当你看到感兴趣的部分、与课本知识点联系紧密的部分,又或者是重点内容、关键信息、存在疑问的内容等,可以把它们记录在此处。这也是提高科普阅读水平的好方法!

是不是跟你想的不太一样……没错,这勺沥青一样黑乎乎的黏稠液体就是糖蜜了。

锶的另一种常见的用途是制造烟花,烟花绚丽的色彩主要利用了金属的**焰色反应**。当金属及其盐类燃烧时,原子中的电子吸收了能量,会由能量较低的轨道跃迁到能量较高的轨道上,但是这些电子并不稳定,很快就会以光子的形式辐射出来。由

焰色反应是因为原子中电子能量的改变而产生的,它是一种物理变化。

于它们的能量变化各不相同,所以不同金属燃烧时发出的光的颜色也各不相同。例如铜元素燃烧是绿色的,钠元素燃烧是黄色的,铯元素燃烧是浅紫色的,而红色的烟花,则是放入了锶盐之后的结果。

随着科技的发展,锶的用途也在不断变更,只有制作烟花这一用途从古至今一直没变,它鲜红的焰色反应在夜空中一直都格外动人。

知识点

很多金属或它们的化合物在灼烧时都会使火焰发出特殊的颜色,这在化学上被称作焰色反应。

重点词

与学科相关的知识点,值得你重点关注。

知识点

来自课本的知识点,在读完文章之后,你可以重点复习一下。

批注

对学科知识点的解释,你可以多读几遍,熟练掌握学科知识。

目录

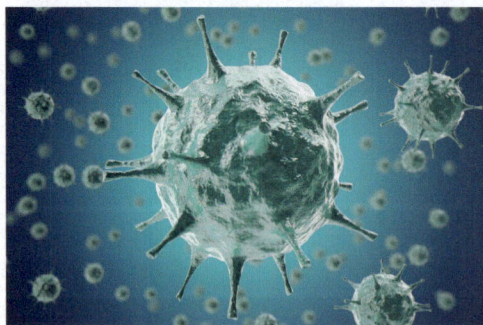

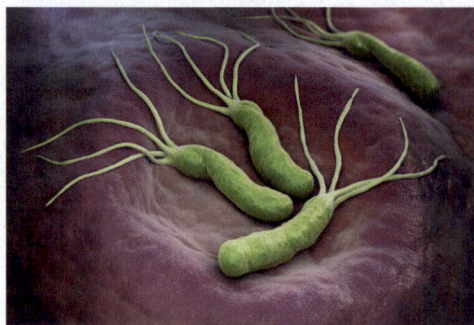

生物圈里的植物、动物和其他生物

谁是世界上的第一人？

■ Yifei Sun

　　我们从哪里来，人类是怎么出现的？有的人说我们是"神"创造的，真的是这样吗？

　　生命由原始的、简单的生物进化而来，地球上也没有发现过有什么"神"或"神的踪迹"，只有人类祖先的遗迹。人类的起源不是源于"神"和"神"的创造，而是来自已灭绝的人科动物——南方古猿。

从南方古猿到直立人

　　在远古时代，有种被称为**南方古猿**的人科动物，既有黑猩猩的特点，又有大猩猩的特点。难以想象，它们的后代竟然就是今天的我们。

> 南方古猿属于人科动物，生活在距今大约130万至550万年。它被认为是从猿到人转变的第一阶段。

VS

我是大猩猩

我是黑猩猩

你看我长得像谁？

你觉得南方古猿长得更像谁呢？

数百万年前，一群南方古猿站了起来，开始以双足行走的方式闯荡世界。然而，各种猛兽的追捕让南方古猿的生活面临着巨大的挑战。好在祖先们找到了保护自己的办法：使用武器和工具。

南方古猿最早用捡来的石头扔向天敌来保护自己，或者用石头砸开坚果类食物，慢慢地，它们学会了用树枝来进行自我防卫。

它们后代之一的**能人**，开始将石头砸成锋利的刀刃状武器，这就进入了我们所熟悉的"旧石器时代"。这种工具非常有用，不仅能帮助能人抵御天敌，还可以切割食物。随后的直立人开始将石片绑在树棍上，做成可以扔的长枪。直立人后来又学会了用火，开启了一个新时代。有了火，我们的祖先们开始吃熟的食物。再后来，人们开始用磨制出来的石器代替过去打制出来的锋利石片，人类进入了"新石器时代"。此时的人类称为"智人"。

直立行走

南方古猿是怎么开始两只脚着地、挺着身子行走的呢？科学家们一直在做相关研究。

南方古猿是人科动物家族中第一种开始两足行走的动物。在那个残酷的时代，我们的祖先还不是掠食者，而是猎物。当时，许多大型猫科动物和犬科动物都对南方古猿垂涎欲滴。在那个

能人生活在距今约 280 万年前的时代，是介于南方古猿和直立人中间的类型。

科学家猜想，南方古猿开始直立行走也可能是因为直立行走更节约能量。

15

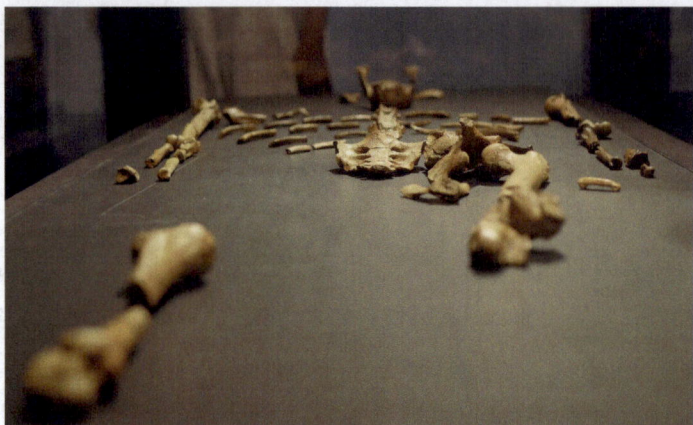

生活在300万年前的人类远祖——露西（Lucy）的化石。从化石可以看出，露西的髋骨比较宽阔，上肢骨和下肢骨在形态上已经发生了变化，下肢骨更粗壮，有利于直立行走。图片来源：瘦驼。

时代，有种猫科动物——恐猫成为了南方古猿的噩梦。

掠食者恐猫

恐猫的身长可达2米，体重超过150千克，比今天我们所见到的美洲豹还要大，而且它的嗅觉、视觉和听觉都十分灵敏，动作也非常灵活。那时南方古猿还没有完全靠两足行走，一时间成了恐猫菜单上的美味佳肴。

在东非大裂谷地区，由于森林大量消失，一部分现代类人猿和人类的共同祖先——森林古猿不得不下地生活，由于环境的改变和自身形态结构的变化，一代代向直立行走发展。

两足行走让南方古猿的视野开阔了许多，能更敏锐地发现躲在草丛中的掠食者。南方古猿发现了危险，就能迅速地向同伴发出警告，令所有同伴立即来到现场共同御敌。

两足行走不仅开阔了视野，还让南方古猿能腾出前肢做其他的事情。当天敌接近领地的时候，南方古猿们还能朝入侵者的脸上扔石头和烂水果。这样，试图进入领地的恐猫以及其他天敌都被砸得眼冒金星，只能眼睁睁地放弃快到嘴边的猎物。

渐渐地，南方古猿开始习惯用自己的前肢来拿东西，后肢逐渐进化成了今天人类的双腿，变得更加适合在平地上行走。

世界上从来没有"第一人"，有的仅是一群人类的祖先——南方古猿，面对着生活中的重重危机，从远古时代走到今天，人类是由南方古猿演化而来的。

南方古猿。

知识点

下到地面上生活的部分森林古猿，一代一代地向直立行走的方向发展，前肢则解放出来，能够使用树枝、石块等来获取食物、防御敌害，臂和手逐渐变得灵巧。

黑猩猩会变成人吗？

■ Yifei Sun

人类和黑猩猩有一个共同的祖先：森林古猿。换句话说，人和黑猩猩都是猿演化而来的。这么说，黑猩猩总有一天会演化成人吗？要回答这个问题，我们先来看看人类是怎么诞生的。

大约300万~600万年前，在人类祖先生活的非洲，气候发生了巨大的变化，较茂密的丛林变成了更开阔的草原，这种变化使得两足行走具有更显著的优势。因为两足行走的物种具有更开阔的视野，被解放的前肢还可以用于携带物品。于是，具有这些优势的个体更容易活下来，它们更可能将这些优势特征传递给后代，这样一来，下一代里拥有这些优势特征的个体就会更多。长此以往，直立行走的人类便出现了。

我们再来看黑猩猩。由于人类和黑猩猩的生活环境长期以来非常不同，所以，二者身体特征的区别也越来越大：人类的身体结构让他们更适于直立行走，更适于生活在陆地上；而黑猩猩却仍然靠四足行走，更适应树栖生活。

在东非大裂谷地带，古人类学家发现了很多早期古人类化石，其中有距今约 300 万年的少女露西（Lucy）的骨骼化石。

基础 → 过度繁殖 ——————— 原始物种

↓ 大量个体

内因 → 遗传和变异

不利变异个体　　　　　有利变异个体 →

逐代积累加强

生活条件有限

动力 → 生存斗争

结果 → 不适者被淘汰

适者生存 ——————— 新物种

自然选择

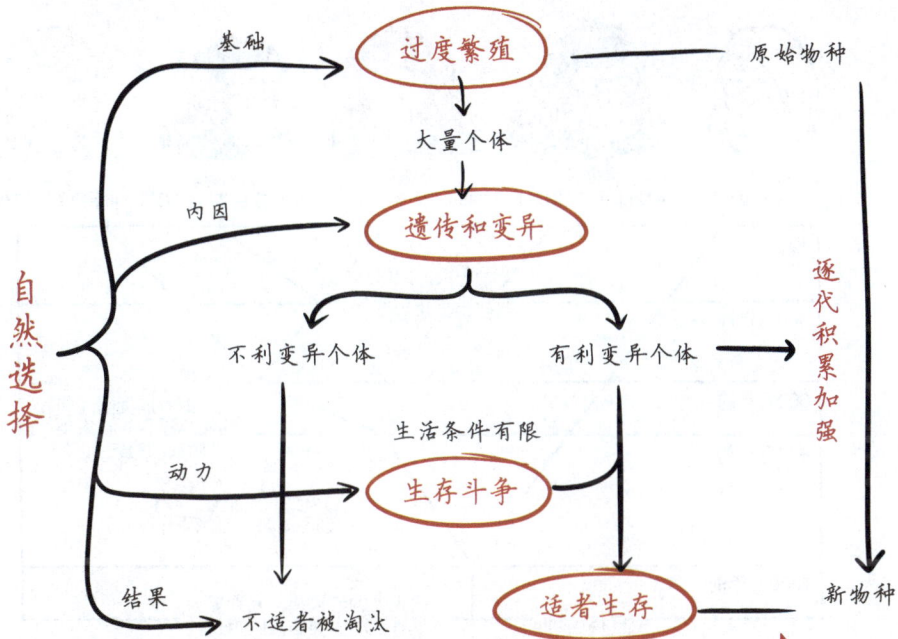

谁决定了演化?

　　演化,是由随机的生物变异和定向的**自然选择**共同作用的结果。由于生存环境的不同,人类和黑猩猩的共同祖先随机产生的变化,最终又被它们的生存环境所选择——适合各自生存环境的特征被保留下来——人类和黑猩猩没有走上共同的演化道路,而是发展出了很多不同的生活习惯和特征。

　　回到开头的问题。

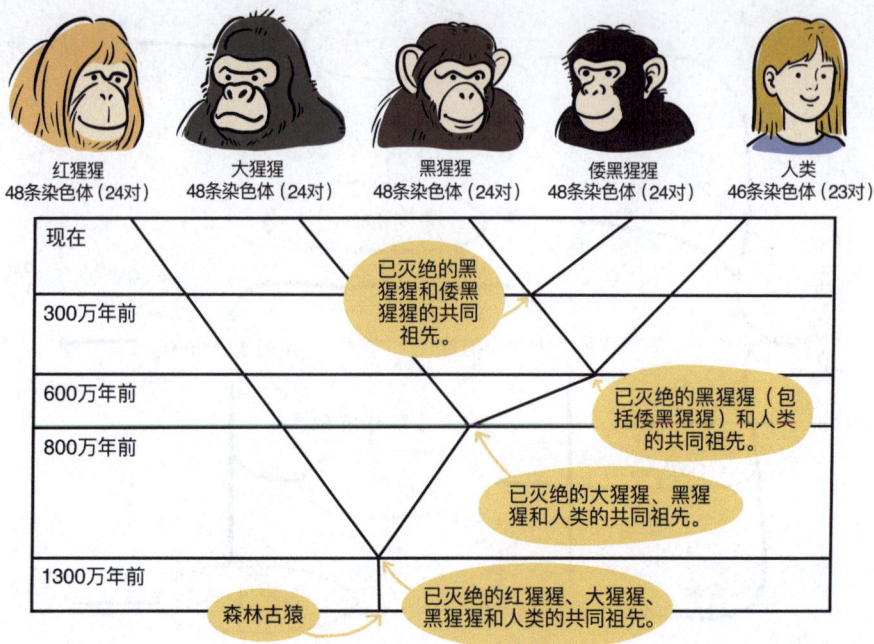

红猩猩	大猩猩	黑猩猩	倭黑猩猩	人类
48条染色体（24对）	48条染色体（24对）	48条染色体（24对）	48条染色体（24对）	46条染色体（23对）

现在

300万年前

已灭绝的黑猩猩和倭黑猩猩的共同祖先。

600万年前

已灭绝的黑猩猩（包括倭黑猩猩）和人类的共同祖先。

800万年前

已灭绝的大猩猩、黑猩猩和人类的共同祖先。

1300万年前

森林古猿

已灭绝的红猩猩、大猩猩、黑猩猩和人类的共同祖先。

需要强调的是，今天的人类不是由黑猩猩进化而来的，而是从二者共同的祖先——森林古猿演化而来的。数百万年前，森林古猿慢慢地演化，一部分演化成了人类，另一部分则演化成了黑猩猩。整个演化过程像一根树枝长出的两根新树枝一样，不会重新合并。

世界上任何一个物种的产生都源于特定的生态环境，这种环境被复制的可能性非常小。所以，我们虽然能看到多种多样的

人类的演化过程可以用达尔文进化论中的自然选择学说（*natural selection theory*）来解释。环境的定向选择和生物群体中出现的可遗传变异是生物进化的必要条件。有利于适应环境的变异给了个体生存和繁殖的优势，经过代代繁殖，这样的个体越来越多（例如远古时期直立行走的人类）。逐代积累后，这些变异出的有利特征，也就成为了这个群体的普遍特征。

生物,但很少看到同样的物种在演化进程中出现两次。

近些年,古人类学家通过对古人类遗迹的研究,结合现代**DNA测序技术**,让我们能越来越准确地知道人类与其他物种之间的亲缘关系——黑猩猩是与我们关系较近的一类现代类人猿,今天的其他大型猿类也是我们的近亲。

综上所述,地球上现存的不同物种,只会在自己的演化轨道上继续前进,和其他的物种距离越来越远。就算等几万年、几十万年,甚至几百万年,人类也不会演化成黑猩猩,黑猩猩也不会演化成人类。

DNA 作为染色体的一个成分主要存在于细胞核内,储存着生物的遗传信息。DNA 测序是指分析特定的 DNA 片段的碱基序列,也就是腺嘌呤（A）、胸腺嘧啶（T）、胞嘧啶（C）和鸟嘌呤（G）的排列方式。

A ▬▬▶ T

C ▬▬▶ G

DNA 的碱基互补配对原则。

知识点

人类的起源和发展

现代类人猿和人类的共同祖先是森林古猿。

长了痘痘怎么办?

■ 和谐大巴

随着年龄的增长,你有没有发现自己或者周围小伙伴的脸上多了一些"小痘痘"?这些"小痘痘"通常伴随着少年们的**青春期**而来,因此也叫"青春痘"。

据统计,80%~90%的青少年都有过青春痘。青春痘是皮肤科最常见的疾病之一,也叫作痤疮,在青春期过后往往能自然减轻或痊愈,但也有少数人一直到40岁仍然会长出痤疮。

> 青春期是一个生长发育发生重要变化的时期,它以生殖器官和第二性征发育并趋于成熟为标志。

青春痘的成因

痤疮由多种原因造成,随着青春期的到来,小伙伴们在**雄性激素**的刺激下,皮肤的角质合成和皮脂分泌增加,导致皮肤发生变化。过剩的角质和皮脂等物质不能正常排出时,会逐渐变得紧密,形成凝固物。这时皮肤表面会鼓起一些白色或黑色尖顶的小丘疹,称为白头或黑头粉刺,这就是早期的痤疮。粉刺部位如出现感染及炎症,则会变成红痘和脓头。在痤疮发生的早期进行医学干预,多数症状可以得到控制和治愈。

> 雄性激素主要由睾丸合成。此外,肾上腺皮质部分和女性的卵巢也可合成一定量的雄性激素。

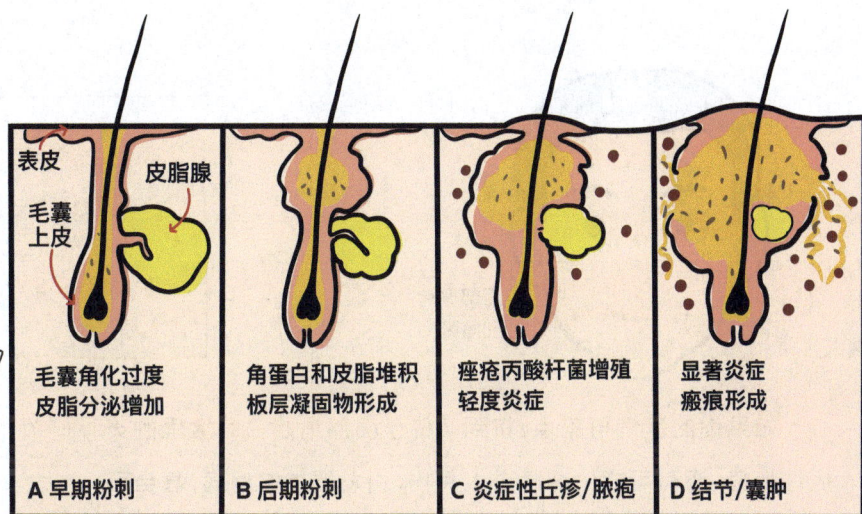

A 早期粉刺	B 后期粉刺	C 炎症性丘疹/脓疱	D 结节/囊肿
表皮 毛囊上皮 皮脂腺 毛囊角化过度 皮脂分泌增加	角蛋白和皮脂堆积 板层凝固物形成	痤疮丙酸杆菌增殖 轻度炎症	显著炎症 瘢痕形成

痤疮发展的 4 个阶段。

痘痘到底能不能挤？

"挤痘痘"是一些人的"爱好"。皮肤科医生有时也会进行"粉刺取出"：用粉刺挤出器挤出开口粉刺里面的东西，可以迅速改善外表，并帮助提高部分药物的治疗效果。不过，如果挤压炎性粉刺或者脓头，则很可能留下瘢痕。

医疗机构已经越来越少实行"粉刺取出"，所以，更不推荐你自己在家里"挤痘痘"。一来，自己很容易挤到炎性的粉刺而留下瘢痕。二来，自己对器械（以及你的手）和皮肤的消毒往往不到位，会增加感染风险。

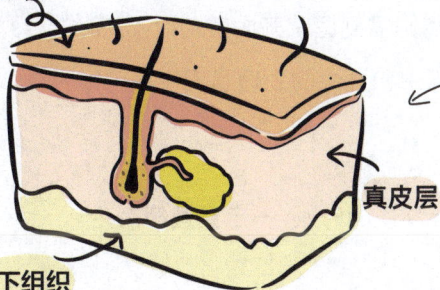

表皮层

真皮层

皮下组织

皮肤由三层构成：最外边的是表皮层；表皮下边是真皮层，真皮层中分布着血管、神经末梢、毛囊、汗腺和皮脂腺；最内层是皮下组织。

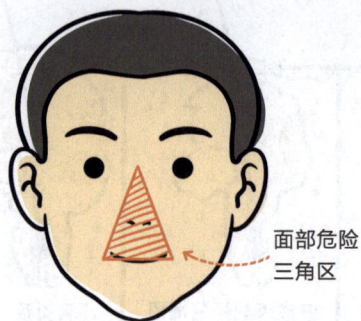

面部危险
三角区

危险三角区指两侧口角至鼻根连线所围成的三角形区域。若在这个区域内挤压痤疮，细菌很有可能进入颅内。

如果你的运气再差点，挤到了位于面部**危险三角区**里的炎症性痤疮，还有可能使细菌进入颅内，引发严重的疾病，甚至可能危及生命！因此，尽量不要碰痘痘。

青春痘该如何治疗？

根据皮肤损害的类型和严重程度，现代医疗有一套系统和规范的治疗痤疮的方法。大多数人无法准确判断自己的病情，及时就医是上策。

轻中度痤疮，如果是以粉刺为主的损害，或者皮肤较为粗厚的痤疮患者，在整个面部（避开眼周皮肤）持续使用一段时间的维A酸乳膏或者阿达帕林凝胶（注：药物使用请遵医嘱）是一个较好的选择，可防止粉刺形成并加速痘印消退。红疙瘩和脓头处可点涂过氧化苯甲酰凝胶或夫西地酸乳膏等抗菌剂，可有助于炎症性丘疹快速消退。而重度痤疮则需到医院开内服药治疗，而且在治疗重度痤疮的时候，由于男生和女生的生理状况不同，需要根据不同的情况"对症下药"。

切记，当你想要开启"战痘计划"的时候，一定要遵循医生的指导和建议！

痘印

痤疮往往伴有局部皮肤的炎症，炎症清除后，大多数人的面部会有短期的色素沉着，因此会留下黑色的痘印。而略微严重的炎症则可能会留下红色的**痘印**。这两种痘印在痤疮治疗后都会慢慢消退，无须特别处理。

坑坑洼洼的瘢痕型痘印让人非常担忧，尽力治疗也无法完全恢复皮肤的平整光滑。幸好，一些医疗手段对瘢痕的外观有一定程度的改善，比如点阵激光、微晶磨削、化学剥脱术等。

最后还是要再次强调，患上痤疮应当及时就医治疗，避免病情加重而遗留瘢痕！

知识点

童年：儿童学习说话、穿衣等各项技能，童年结束后会进入青春期。

青少年：孩子进入青春期的这段时间叫青少年时期，这个时期的孩子的身高会快速增长，性器官也会迅速发育。

成年：人体发育的最后阶段，骨骼会停止发育。

长不高可能是因为没吃够

■ MarvinP

　　人的体重中有相当一部分是**蛋白质**的重量,排除液体重量的情况下,蛋白质几乎占了剩下重量的一半。

　　蛋白质是执行人体生理功能的大分子,我们每次举手投足,其背后的推动者都是蛋白质。当我们抬起手臂时,骨骼肌会带动骨骼移动,骨骼肌的收缩和舒张就离不开肌球蛋白和肌动蛋白等蛋白质的结合和分离。

　　蛋白质是建造和修复身体的重要原料,人体的生长发育以及受损细胞的修复和更新都离不开蛋白质。

人体营养物质的组成

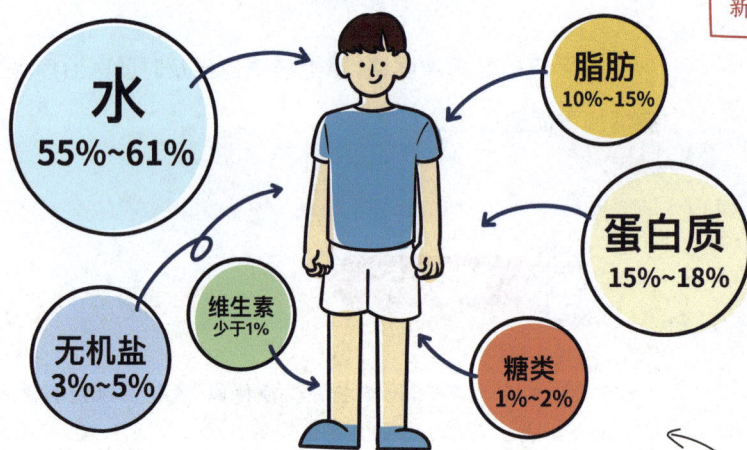

水
55%~61%

脂肪
10%~15%

蛋白质
15%~18%

无机盐
3%~5%

维生素
少于1%

糖类
1%~2%

不同营养物质占人体体重的大致比例。

$$H_2N \overline{} \underset{\underset{H}{|}}{\overset{\overset{R}{|}}{C}} \overline{} COOH$$

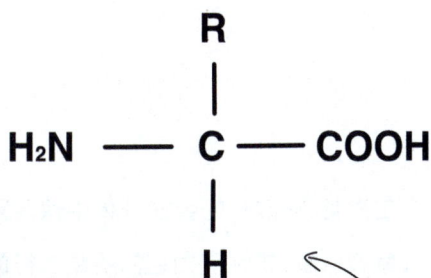

氨基酸的结构通式。

蛋白质的基本单元

组成蛋白质的基本单元是**氨基酸**，每个氨基酸可以看成一小块乐高积木，成百上千块"积木"按一定顺序组装起来，就构成了一个个有功能的单位，也就是蛋白质。

目前发现了21种组成人体蛋白质的氨基酸，这些"积木"可以有数不尽的组装方式，使得蛋白质有不同的形状、性质和功能，包括维持细胞形状的结构蛋白、具有防御功能的抗体、催化生理反应的酶、传递信息的激素等。

遗传信息从DNA传递给RNA，再由RNA指导蛋白质的合成，在该过程中起到**催化作用**的酶也是蛋白质。

每时每刻，人体细胞中都有成千上万个蛋白质在不知疲倦地

在生物体内起催化作用的酶通常会让反应速度加快。酶的催化效果比大多数无机催化剂要好很多。

工作着,它们有的会在身体中保留数年,有的却只存在几分钟就被分解,这是因为它们所要执行的功能不同。为了满足人体的各种需求,细胞在不停地合成和分解蛋白质,而要合成蛋白质就需要氨基酸作为原料。

必需氨基酸

机体会循环利用氨基酸,但仅靠循环回收得来的氨基酸是不够的,还需要新的氨基酸参与蛋白质合成。大多数微生物和植物可以合成自身需要的所有氨基酸,但动物(包括人类在内)只能合成所需氨基酸的一部分,有8种氨基酸是身体没有办法合成的,这些"**必需氨基酸**"必须从食物中吸收。

8种必需氨基酸分别是:赖氨酸、色氨酸、苯丙氨酸、甲硫氨酸、苏氨酸、异亮氨酸、亮氨酸、缬氨酸。

包括这些"必需氨基酸"在内的各种氨基酸分布在不同的食物中,我们单纯吃几种食物,可能会造成某些氨基酸缺乏。所以广泛摄入各类富含蛋白质的食物,包括肉类、豆类、鸡蛋、坚果等,才能给身体提供充足而平衡的氨基酸来源。

对身高的影响

对于生长期的青少年来说,在饮食中摄入足够的蛋白质,还可能对身高的增长带来积极影响。因为没有砖瓦就无法建成高楼,蛋白质就可以被看成是一部分"建筑材料",是可能影响身高的外因之一。人成年后的身高是由多种因素影响的,一部分是**遗传因素**这个内因,一部分是成长环境这个外因。它们各占多大比重呢?

迄今已经有好几项大型研究,科学家们调查了几千组以白种人为主的兄弟姐妹(其中包含不少双胞胎),最后得出结论是遗传因素对身高的影响占80%左右,剩下的约20%则受包括膳食、运动、生活环境等在内的外因影响。

人体的大多数性状是由基因与环境共同决定的。

而在影响亚洲人最终身高的所有因素中环境因素占的比重可能更高：曾有研究者调查了几百组中国家庭后认为，在影响最终身高的因素里，遗传的影响只占65%左右，而生活习惯影响所占的比重可以高达1/3！

如果按亚洲人平均身高（男性约170厘米，女性约160厘

2016年中国居民平衡膳食宝塔

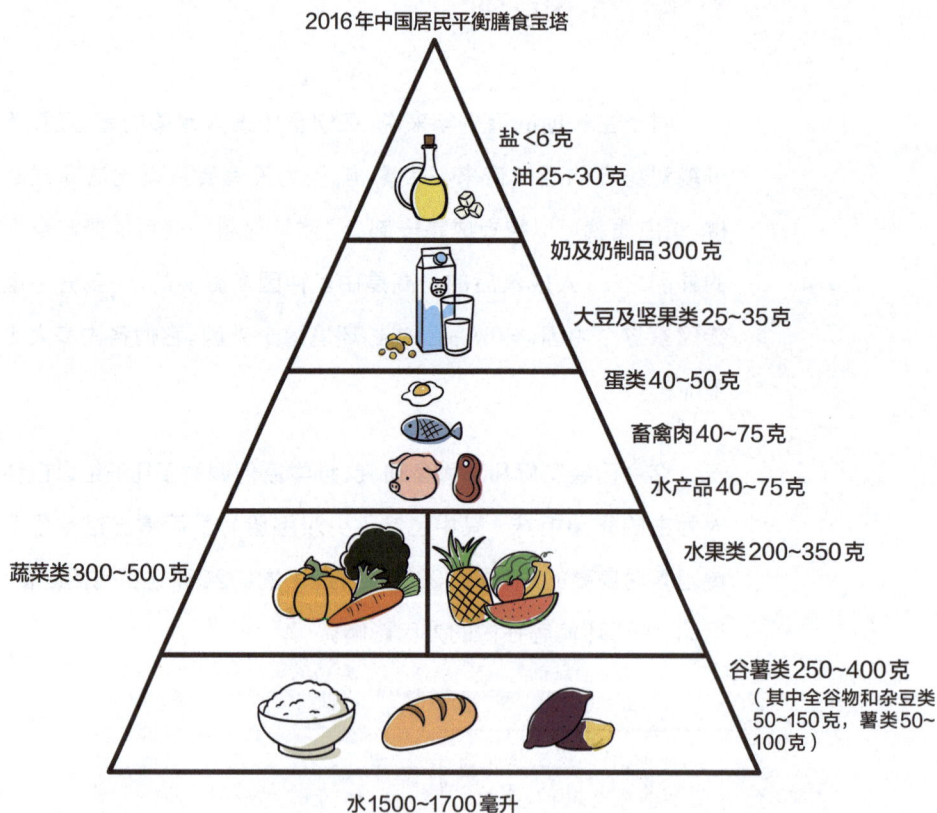

盐<6克
油25~30克

奶及奶制品300克

大豆及坚果类25~35克

蛋类40~50克

畜禽肉40~75克

水产品40~75克

水果类200~350克

蔬菜类300~500克

谷薯类250~400克
（其中全谷物和杂豆类50~150克，薯类50~100克）

水1500~1700毫升

米)来算的话,大约有2厘米的高度变化可能受环境因素影响。研究显示,在儿童阶段摄入的蛋白质对身高的影响最大,其次是矿物质(特别是钙),以及维生素。

所以,**均衡饮食**是至关重要的。

平衡膳食宝塔中的肉、蛋、奶,是人体获得蛋白质的主要来源。

知识点

蛋白质

蛋白质是执行生理功能和构建人体组织的重要有机物,人体需要从膳食中获取蛋白质。膳食蛋白质对身高有一定影响。

听说吃代糖能减肥?

■ 苏英晨

有人说,喜欢吃糖的人可以靠吃代糖来减肥。难道代糖就不含能量,可以放心地大吃特吃? 弄清楚真相要从我们身体的能量来源说起。

我们的身体需要能量来维持每日的活动,平时吃的食物中共包括6种营养物质:糖类、脂肪、蛋白质、水、无机盐和维生素。其中,只有糖类、脂肪和蛋白质能为我们提供能量。

1g糖类提供约17.2kJ的能量,1g蛋白质提供约18kJ的能量,而1g脂肪却可以提供约39.3kJ的能量。脂肪提供的能量这么多,为什么糖类是主要的能量来源呢? 那是因为**糖类的分解过程**更简单。葡萄糖是一种常见的糖类,它的分解会释放出很多能量。

吃糖的快乐

吃糖可以使大脑中的神经元释放多巴胺,多巴胺会让人们产生满足感,获得快感,因此吃糖会上瘾。

但是含糖量高的食物吃多了容易引起肥胖,进而导致各种

在人体内,葡萄糖在无氧状态下分解为乳酸,在有氧状态下分解为二氧化碳和水。

喝咖啡的时候，人们喜欢添加一些方糖。

疾病。我们平时喝的饮料、吃的零食几乎都含糖，如何才能既吃糖又不变胖呢？

食品生产商们想到了使用代糖的方法。代糖，顾名思义，是代替糖的"糖"。实际上代糖不属于糖类，那为什么吃起来是甜的呢？糖和舌头上的味觉受体接触时，把信号传递给大脑，我们把这种感觉命名为"甜"。代糖也可以和舌头上相同的味觉受体接触并产生同样的信号，欺骗大脑，产生甜的感觉，让大脑以为吃了真的糖。因此，吃代糖同样也会使大脑的神经元释放**多巴胺**，产生满足感。

多巴胺是一种神经递质，它传递有关感觉的信息，同时也与各种上瘾行为有关。

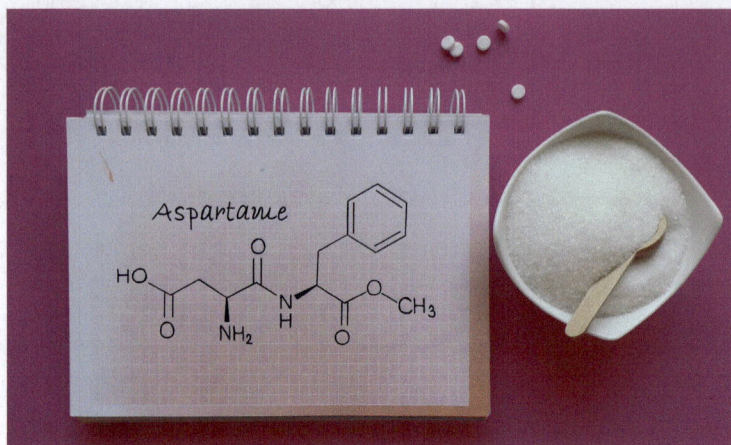

阿斯巴甜。

超级甜

代糖分为天然甜味剂、糖醇和人工甜味剂。天然甜味剂从植物中提取，安全性较高，例如甜菊糖、叶甘素、奇异果素等；糖醇部分是天然的，部分是由天然的物质加工而成，其中最著名的就是可以用来做口香糖的木糖醇，还有像山梨糖醇、麦芽糖醇、甘露醇等；人工甜味剂由化学合成，常见的有阿斯巴甜和安赛蜜。

所以，大部分代糖并不是真的完全没有能量，而是用量非常少，所提供的能量可以忽略不计。但也有如安赛蜜这样的代糖，人体无法吸收，会直接排出体外，是真的零能量。

甜度检测

阿贝折光仪的理论基础是折射定律，它可以测出折射率。

目前，甜度的检测都是采用人工感官品评的方式进行。虽然也有用**阿贝折光仪**来检测甜度的，但是阿贝折光仪检测的是可溶性固形物含量，也就是检测浓度，并非真实的样品甜度。

现在还没有通过现代化仪器检测甜度的方法。人们已经知道了糖和代糖的分子结构，但是它们产生的甜味和产生巨大甜度差异的具体原因，到目前为止研究者们还没有一致的解释，有待进一步研究。

代糖可以随便吃？

代糖提供的能量这么低，我们就可以随便吃吗？代糖会不会对我们的健康产生影响呢？现有的科学依据还不足以证实代糖究竟是好还是坏。目前并没有确切的证据表明代糖会引发疾病。

不过，潜在的问题还是有的。例如：代糖会使人产生"代糖没能量，再吃点别的东西没关系"的错觉，进而导致吃过量的食物，引起肥胖。同时，较高的甜度和较低的热量会让大脑发生混乱。大脑可能会混乱："我吃了这么多糖还没获得能量，那就多吃点吧！"

代糖可以吃，但是不建议长期、大量食用。如果想减肥，减少总热量摄入才是重点，靠吃代糖是没用的，还是"管住嘴、迈开腿"吧。

知识点

食物中的营养物质

人体生命活动所需要的能量主要是由糖类提供的。葡萄糖、蔗糖、淀粉都属于糖类。

有种脂肪能减肥?

■ Yuki 小柒

一谈到脂肪,人们往往会最先联想到肥胖,对于努力减肥的人来说,更是"谈脂色变"。事实上,**脂肪**对于人体有着非常重要的作用。而且,并不是所有的脂肪都会引起肥胖。

> 脂肪是人体所需的 6 种营养物质之一,它由甘油和脂肪酸组成,含 C、H、O 这 3 种元素。

近些年的科学研究发现,有那么些"另类"的脂肪,不仅不会让人变胖,还是减肥瘦身的新型武器。不信? 那么就让我们来揭开脂肪的奥秘吧。

脂肪的起源

人体脂肪组织按照形态颜色的差别被分成 3 种,即白色脂肪、棕色脂肪和米色脂肪。它们的起源和分布都有很大差别。

白色脂肪细胞与米色脂肪细胞都起源于"轴旁中胚层

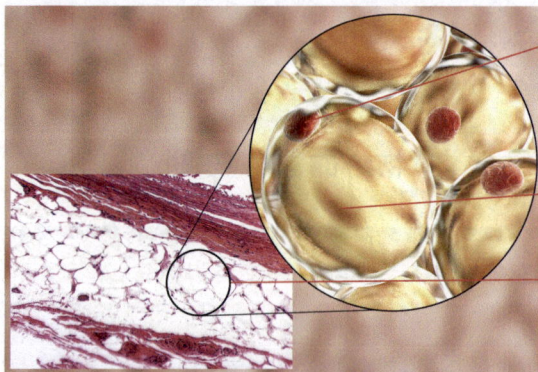

细胞核

存储的脂肪

脂肪组织

白色脂肪组织。

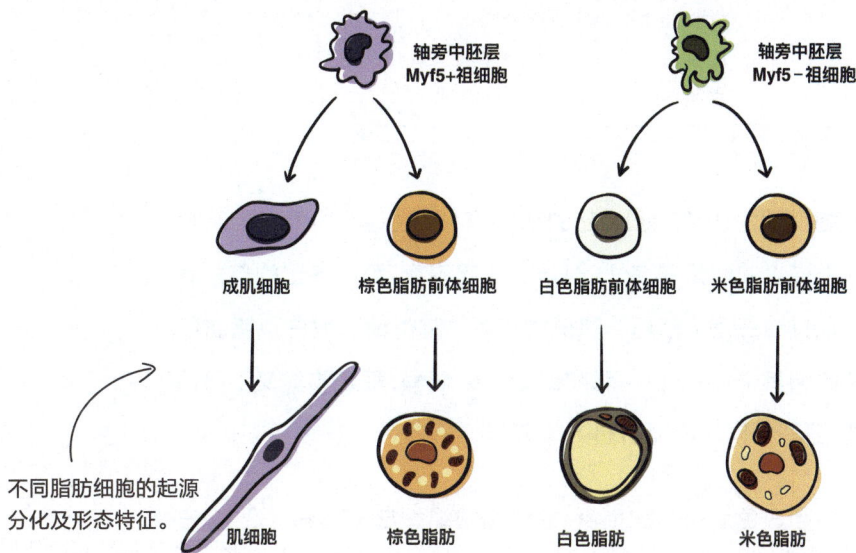

轴旁中胚层 Myf5+祖细胞

轴旁中胚层 Myf5-祖细胞

成肌细胞　棕色脂肪前体细胞　白色脂肪前体细胞　米色脂肪前体细胞

不同脂肪细胞的起源分化及形态特征。

肌细胞　棕色脂肪　白色脂肪　米色脂肪

Myf5-祖细胞"。白色脂肪分布于皮下、肠系膜等部位，适量白色脂肪组织可以起到保护内脏、保持体温的作用，但是太多了就会变成讨厌的"赘肉"。**米色脂肪**是后来被发现的一种特殊类型的脂肪，它存在于白色脂肪组织中，但却与棕色脂肪的特性更加接近。

棕色脂肪细胞起源于"轴旁中胚层Myf5+祖细胞"（和肌细胞的来源相同），新生儿的棕色脂肪比例较高，成年后会渐渐变少，主要集中在颈部、腋窝、脊柱旁等部位。

> 有研究表明，米色脂肪可以燃烧掉卡路里，未来它可能会成为治疗糖尿病的新作用靶细胞。

各司其职

不同的脂肪组织，在人体能量代谢过程中起到的作用也存在很大差别。在白色脂肪细胞中，巨大的脂滴可以占到整个

线粒体是细胞中负责分解有机物并释放能量的细胞器，是细胞进行有氧呼吸的主要场所。

细胞空间的90%以上，它的功能是储存能量，如果我们从食物中摄入的能量较多，一时半会儿用不完，那么多出的部分就会以甘油三酯（脂肪）的形式作为"储备粮"被白色脂肪细胞收纳其中。由于白色脂肪细胞十分慵懒，爱好收集又不愿清理，日积月累就容易引起人体肥胖。

与白色脂肪组织相反，棕色脂肪组织总是充满了活力，白色脂肪组织负责"储能"，棕色脂肪组织专门负责"耗能"，它的细胞质中除了含有多个小脂滴，还分布着丰富的**线粒体**，正是这些线粒体赋予了棕色脂肪细胞"消脂神功"，它们通过人体内的代谢途径，将多余的能量以热量的形式直接散失掉。

白色脂肪细胞三维图，巨大的脂滴占了细胞中大部分空间。

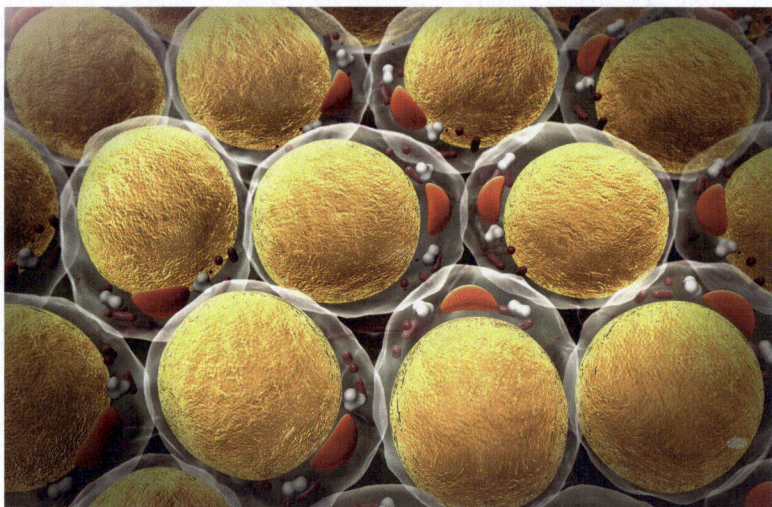

胖,不一定抗冻

在维持体温方面,不同脂肪组织发挥的作用也有差别,当寒冷来袭时,白色脂肪组织充当的是身体的"保温板",阻隔体内热量向外界散失。但遗憾的是,这并不意味着越胖就越抗冻,就像房间的保温材料再好,屋里没有暖气还是照样会冷,我们的身体也需要自己产生更多热量才能够真正暖和起来。

并不是人越胖就越不怕冷,白色脂肪只是保温效果好,身体也需要自己产生更多热量才能够真正暖和起来。

在产生热量方面,人体在寒冷时还会分泌甲状腺激素和肾上腺素来增强代谢。

在**产热**方面,白色脂肪就帮不上什么忙了,这时轮到骨骼肌和棕色脂肪"冲锋陷阵"——骨骼肌会反复收缩以战栗产热(俗称瑟瑟发抖)的方式来御寒,棕色脂肪则通过非战栗产热——也就是代谢产热的方式,充当起"卡路里小火炉",用脂肪作为燃料,一边燃烧一边释放出大量热量。

有时候,当棕色脂肪觉得自己的"柴火"不够用时,甚至还会悄悄去拉白色脂肪"入伙儿",让白色脂肪向具有棕色脂肪功能的米色脂肪转化,一起燃烧脂肪(果然是脂肪家的"叛徒"呀),这个过程可以看成"白色脂肪的棕色化"。

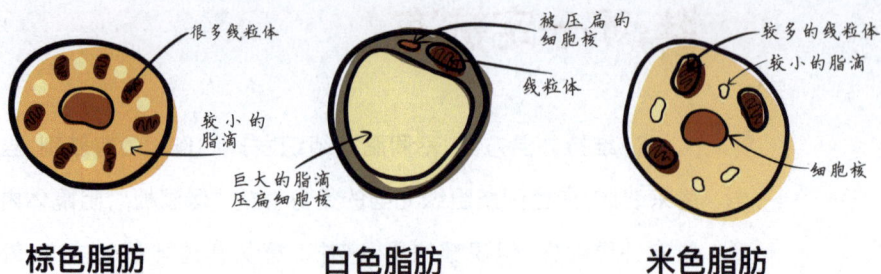

很多线粒体
较小的脂滴

被压扁的细胞核
线粒体

较多的线粒体
较小的脂滴

巨大的脂滴
压扁细胞核

细胞核

棕色脂肪　　　　　　白色脂肪　　　　　　米色脂肪

棕色脂肪虽好,却不是人人都有(胖人体内更少),如何才能让更多白色脂肪"叛变"呢? 科学家们近年来已经渐渐发现调控白色脂肪棕色化的重要因素: 内源因子(如sirt1、miR-133等miRNA)和外源食物成分(如不饱和脂肪酸ω-3、类胡萝卜素等)。

这些发现无疑为科学减肥提供了新的思路,也许用不了多久,"以脂降脂"的方法就会成为胖子们的福音了。

在新的科学减肥的方法出来之前,想瘦还是动起来吧。

知识点

贮藏在人体内的脂肪是重要的备用能源物质。

一次腹泻，就和益生菌永别了？

■ Yuki 小柒

我们每天吃下的食物究竟是如何被**消化**的呢？你也许会不假思索地回答——当然是先通过口腔咀嚼，然后通过胃肠道蠕动并分泌胃酸以及各种消化酶将食物最终转化成小分子。这样的答案虽然没有错误，但是只能得到70分。

人体的消化系统包括消化道和消化腺，食物在消化道内分解成可以被细胞吸收的物质的过程叫作消化。

在肠道中安家落户

自打出生那一刻起，我们就开始与各种各样的细菌打交道了。我们"庞大"的身体对于这些小家伙来说就仿佛是一个宜居星球，为它们提供食物和住所。根据科学家们的统计，每个人身上全部的细菌数量几乎等同于体细胞总数，而这些数量庞大的细菌有90%以上都选择在"物产丰富"的**肠道**中安家落户。

肠道很长，从十二指肠到肛门的长度有8~9米。它的内壁结构使它拥有很大的表面积，利于营养的吸收。

由于它们大多数情况下都会像好邻居一样与人和平共处，有些还会成为"终生住户"，因而被人们称为"共生菌"或"肠道菌群"。

大肠杆菌是人体肠道中最有名的一种细菌，主要寄生于大肠内，数量约占肠道菌的0.1%。

口腔：牙齿咀嚼食物，舌头搅拌食物

咽：食物的通道

食道：能蠕动，将食物推入胃中

肝脏：分泌胆汁。胆汁不含酶，可使脂肪乳化为脂肪微粒

胃：通过蠕动研磨食物，使食物与胃液充分混合

小肠：通过蠕动，促进消化，并将食物推入大肠

盲肠

阑尾

大肠：通过蠕动，将食物残渣推向肛门，形成粪便，并通过肛门排出

唾液腺：分泌唾液。唾液淀粉酶可以初步消化淀粉

胃腺：分泌胃液。胃液中含有盐酸和蛋白酶，可初步消化蛋白盾

十二脂肠：小肠的起始部分，长度相当于12个手指并在一起的宽度

胰：分泌胰液。胰液中含有消化糖类、蛋白盾和脂肪的酶

肠腺：分泌肠液。肠液中含有消化糖类、蛋白盾和脂肪的酶

末端为肛门

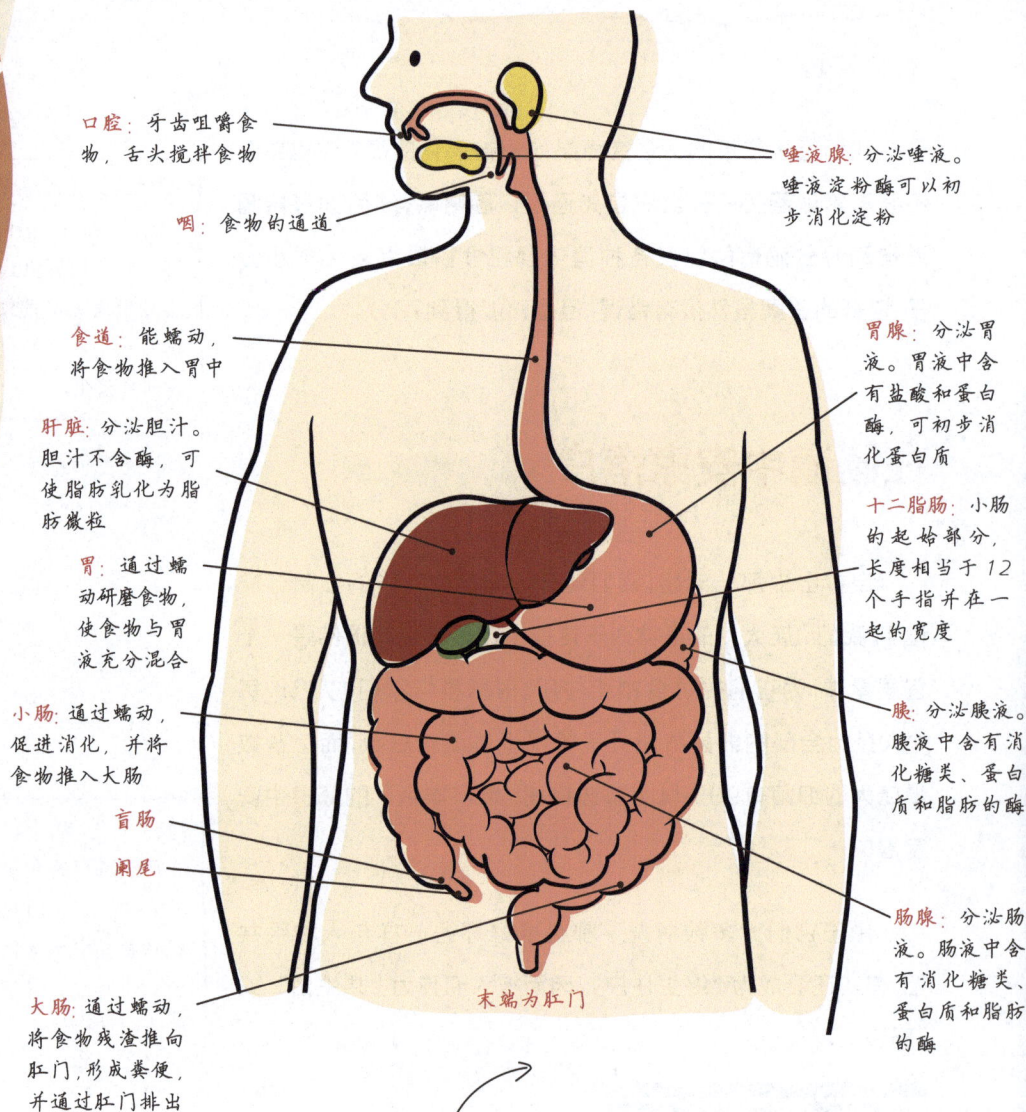

事实上除了我们自身的消化器官之外，肠道中大量的细菌也在消化过程中占有举足轻重的地位。

乳酸菌是一群存在于人类体内的益生菌,因能够将糖类发酵成乳酸而得名,可以帮助消化,有助于肠道的健康。

立下赫赫"战功"

尽管你从来都感觉不到肠道菌群的存在,但是这些小家伙们每天都在兢兢业业地履行着自己的"居民义务"——你每天吃下的食物,都会交给肠道菌群一一把关。

它们会协助肠道内的 **消化酶**,一起把大块的糖类或蛋白质拆碎变小,以更加利于吸收;它们也可以降解一些人无法消化的营养物质,如将多种寡糖(低聚糖)分解成葡萄糖,或代谢掉一些食物中对身体有害的毒素,如降解玉米赤霉毒素;它们还会拿出自己产生的营养物质与你分享,如挥发性脂肪酸、多种维生素、菌体蛋白等。

一般来说,消化酶的作用是水解。例如:它可以将蛋白质水解为氨基酸,也可以将多糖水解为单糖。

抗菌肽作用于细菌的细胞膜。它通过破坏细胞膜的完整性造成胞内物质外泄，从而杀死细菌。

不仅如此，它们还会手拉手肩并肩，充当起肠道卫士，在肠道绒毛表面组成一道紧密的屏障，防止"入侵者"（如致病菌）的侵袭，同时生产"武器"（如**抗菌肽**）主动向"入侵者"出击，立下赫赫战功，与人类真可谓是"有福同享，有难同当"了！

偶尔也闹小脾气

当然，默默无闻的肠道菌群还是有着它们自己的"小脾气"的，很多对肠道有益的菌群都更偏爱含有膳食纤维的食物，假如你长期不规律饮食、暴饮暴食或挑食厌食，超出了肠道菌群的忍耐极限，它们就会集体罢工向你抗议，引起一系列由肠道菌群紊乱造成的胃肠道问题。

人体内的幽门螺杆菌能导致胃炎、胃溃疡等疾病，还会增加患胃部肿瘤的风险。

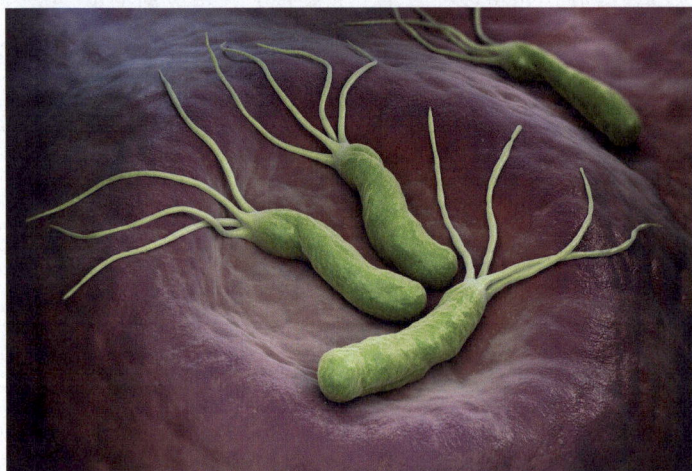

超抗原在低浓度时就可以激活大量的T细胞（一种免疫细胞），让机体产生极强的免疫应答。

膳食纤维是一种多糖，它既不能被消化吸收也不能提供能量，但它对肠道的健康起到重要作用。

一旦肠道菌群紊乱，你的消化系统就难以顺畅地运作。

致病菌也很容易在这时候乘虚而入，比如最常见的"拉肚子"，大多就是由致病性大肠杆菌、金黄色葡萄球菌、沙门氏菌等致病菌侵入肠黏膜并过量繁殖造成的——这些不速之客可不像肠道中正常的菌群那么友好，它们会掠夺你肠道中的营养，并制造出肠毒素等有害物质，这些有害物质有些会直接作用于神经系统，有些会成为**超抗原**引起强烈的免疫应激，从而产生呕吐、腹泻等不良反应。

富含**膳食纤维**的饮食可以促进有益菌群生长（绿色），并抑制致病菌（黄色）对肠上皮细胞（灰色）的侵染。

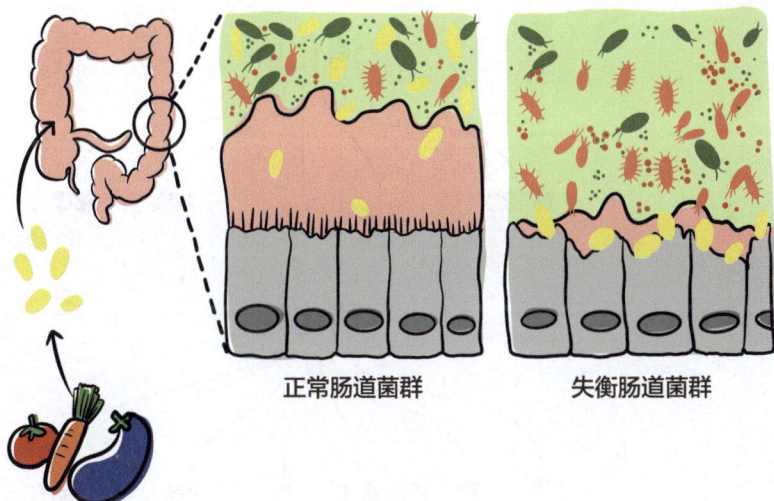

正常肠道菌群　　　　失衡肠道菌群

对抗致病菌

一般这种时候我们需要通过服用抗生素来杀死大部分致病菌，缓解症状，但与此同时，那些对人体有益的菌群也会遭遇毁灭性打击，有些菌种甚至会因此从肠道中永远消失。

所以，为了肠道的健康，也为了不辜负辛勤付出的亿万肠道细菌们，请你听医生的建议，平衡饮食，少吃路边摊，多吃水果、蔬菜，享受健康生活。

知识点

食物的消化是靠人体的消化系统来完成的。人体的消化系统是由消化道和消化腺组成的。

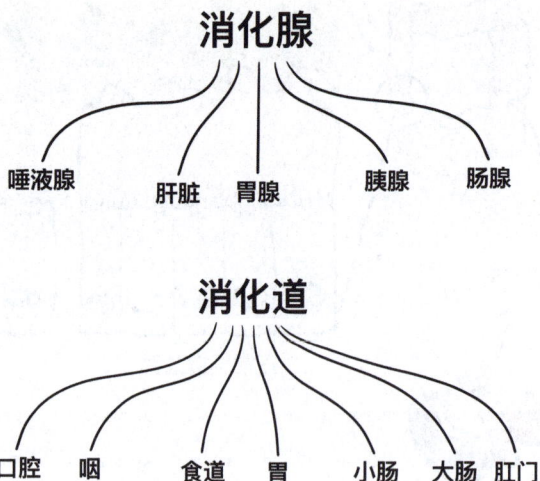

消化腺

唾液腺　　肝脏　胃腺　　胰腺　　肠腺

消化道

口腔　咽　　食道　胃　　小肠　大肠 肛门

非要待在酸酸的胃液里的菌

■ 含家

2005年10月3日，瑞典卡罗林斯卡医学院诺贝尔奖评审委员会宣布，将2005年度诺贝尔生理学或医学奖授予两位澳大利亚科学家：罗宾·沃伦和巴里·马歇尔，以表彰他们发现了幽门螺杆菌（Helicobacter pylori）及其在胃炎和胃溃疡等疾病中的作用。

> 胃里面有胃腺分泌的大量胃液。胃不断地收缩和蠕动，使食物和胃液混合。胃液中的蛋白酶可对蛋白质进行初步分解。

在恶劣环境中生存

胃是人体重要的消化器官，最令人印象深刻的特点就是其内部的强酸环境。在这样的恶劣环境之中，幽门螺杆菌竟然能够生存。它可以钻透胃黏膜，躲藏在靠近胃黏膜上皮的舒适环境中生存，有可能会引起胃炎、消化道溃疡等疾病，严重的还可能导致胃溃疡甚至胃癌。

幽门螺杆——"不存在的"细菌

幽门螺杆菌名字里的"幽门"指的是胃和十二指肠的连接口，所描述的是这种细菌的寄生环境；而"螺杆菌"则说明它的形态，它是一种螺旋形的杆状细菌。

幽门螺杆菌如今已广为人知，然而其被发现的历程却是一波三折。

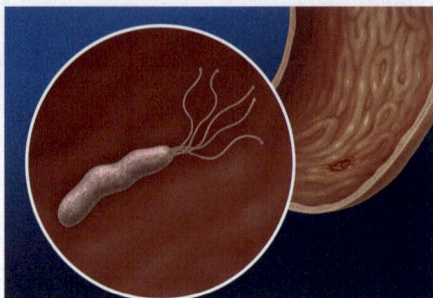

导致胃炎和胃溃疡的幽门螺杆菌。

早在1875年，德国的解剖学家就发现了胃黏膜中存在一种螺旋状的细菌。随后的半个世纪里，意大利、波兰等国家的研究者都陆陆续续地发现了该细菌存在的迹象。然而在1954年，美国的帕尔默博士给这种"风言风语"画上了句号，他检查了1180个胃病患者的胃黏膜标本，没有找到可靠证据显示这种细菌存在。于是，当时的科学界就断定：这种细菌是不存在的。

重现于世却不被认可

1979年，42岁的病理学家罗宾·沃伦在一份胃黏膜活体标本中，意外地发现一条"蓝线"。他紧接着用高倍显微镜观察，发现蓝线原来是由无数的S形细菌所组成。沃伦提出这种细菌可能与慢性胃炎等疾病有密切关系，还邀请了当时年仅30岁的消化科医生马里·马歇尔合作研究。

沃伦向马歇尔展示了大约20个胃病患者的检查报告，全部显示有一种螺旋状细菌存在。马歇尔受到启发，给其中一位80岁的胃病患者进行了抗细菌治疗。两周后，这位病人开心地告诉马歇尔，他再也没有感觉到胃痛了。欣喜的两人开始到处参加学术会议，介绍他们的发现，试图告诉医学界是幽门螺杆菌引起了胃病。但大多数医生却嗤之以鼻，那时的医学界普遍认为胃病是由压力或者辛辣食物引起的，抑酸剂才是治疗胃病的良药。

即便沃伦和马歇尔已经成功分离培养了这种细菌，并且在一些小型临床试验中,用抗生素获得了比抑酸剂更好的治疗效果,但收获的依然只有讽刺和嘲笑。因为当时,抑酸剂拥有一个30亿美元规模的庞大市场,这种撼动传统医药公司治疗方式的观点,根本得不到大多数药物公司的经费支持。

真理终被承认

1984年,沃伦和马歇尔的论文终于得以在著名的医学杂志《柳叶刀》上发表,但真理并未因此占据上风。"细菌是导致胃病的罪魁祸首"这一观点成了一个广为流传的笑话。愤怒的马歇尔为了证明自己的观点,和另一位医生莫里斯一起喝下了含有这种细菌的培养物。几天之后,他们都患上了严重的急性胃炎。次年,他们将这一勇敢(或者应该说是鲁莽)的行为发表在澳大利亚的医学杂志上,可仍然没有得到重视。

终于,到了1989年,美国的医学官方机构开始接受并宣传这种新的医学观点。潜藏在胃中的幽门螺杆菌终于得到了承认,被正式命名。1993年,医学界转变观念,沃伦和马歇尔的名字开始见诸于世界媒体。1994年,美国国立卫生研究院发表了新的指南,承认大多数消化性溃疡可能是由幽门螺杆菌所致,建议使用抗生素治疗。

在2005年,罗宾·沃伦和巴里·马歇尔获得了科学界最高荣誉之一的诺贝尔生理学或医学奖。此时距离两人最初的合作已经过去了26年,距离人们最初发现胃里有一种螺旋状的细菌已经过去了100多年。

知识点

胃里有胃腺分泌的大量胃液。

吃东西不消化还能有好处?

■ 云无心

大家经常说"这种食物好,容易消化,而那种食物难消化"。食物为什么会有"好消化"或者"不好消化"的差别呢?

我们吃的食物需要消化才能被人休吸收。人体每天需要几十克蛋白质来进行新陈代谢,蛋白质进入胃肠之后,消化液中的**蛋白酶**会将大多数蛋白质"切"成单个的氨基酸,有一小部分能够保持几个氨基酸的小片段,称为"多肽"。单个氨基酸,或者两三个氨基酸组成的多肽(二肽和三肽)才能被吸收。被吸收之后,它们随血液循环运送到身体各部位,再通过复杂的生化反应组成人体需要的蛋白质。

脂肪分子进入消化道后,需要**脂肪酶**的分解才能被人体吸收。但是脂肪不溶于水,而脂肪酶只存在于水中,所以脂肪酶只能对水和油交界的脂肪分子发生作用,效率很低。好在胆汁可以把脂肪乳化成小颗粒并包裹起来分散在水中,脂肪和水的接触面积大大增加,更容易被脂肪酶分解。

食物中的碳水化合物大部分也是大分子,只有很少一部

蛋白酶是水解蛋白质肽键的一类酶的总称。

酶具有专一性。蛋白酶只能分解蛋白质,脂肪酶也只能分解脂肪。

胃液中的蛋白酶能够分解蛋白质。

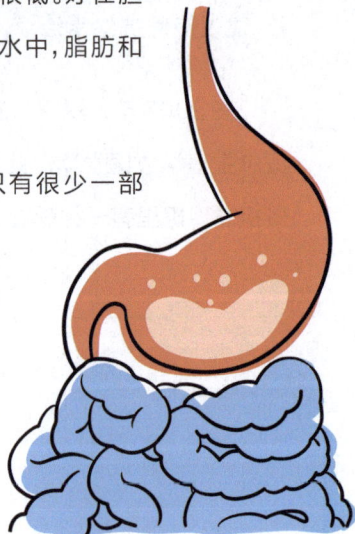

单糖是不能再水解的糖类。葡萄糖、果糖、半乳糖都是常见的单糖。

分是人体可以直接吸收的**单糖**。淀粉这样的多糖，会在淀粉酶等酶的作用下分解成单糖，被细胞吸收之后释放出能量。而纤维素或者结构特殊的多糖不能被淀粉酶消化，人类又没有食草动物相应的消化酶，它们就会原封不动地经过小肠进入大肠。在大肠中，有些细菌能将这些成分部分分解，并提供一些功能性物质。

如何让食物"好消化"？

有效的消化取决于两个条件：一是有充足的消化酶以及胆汁等辅助成分；二是**消化酶与所能消化的食物成分充分接触**。

比如我们的胃就是通过收缩和蠕动使胃液和食物充分接触。

一般来说，充分加热有助于把食物成分从细胞中释放出来，减少对于胃肠蠕动的需求。有的食物成分之间能够发生反应生成沉淀，影响消化，最有名的就是"柿子不能与螃蟹同吃"。这其实是因为没有完全成熟的柿子中含大量鞣酸，会与螃蟹中的蛋白质发生反应生成不溶物，这种不溶物能够抵御胃肠内蛋白酶的进攻，导致食物无法被消化。

同类食物成分的不同类型，其消化难易程度也不同。**淀粉**中有两类分子，直链淀粉结构紧凑，支链淀粉则比较"杂

经消化，淀粉最终会变成可吸收的葡萄糖。

胃液中的蛋白酶会对蛋白质进行初步分解，然后在小肠中分解为氨基酸。

乱"。支链淀粉能够在水中溶解，而直链淀粉则难以溶解，淀粉酶更容易深入支链淀粉中发挥作用。蛋白质也有同样的问题，比如**在胃部的酸性环境**中，牛奶中的酪蛋白不能被溶解，而乳清蛋白不受影响。

油不溶于水，而且在食物中有可能包裹其他食物成分。如果一个人正好**胆汁**分泌不足，那么这些油可能会阻碍蛋白酶和淀粉酶深入被它包裹的蛋白质和淀粉内部。有些人吃了很多油的糯米饭，或者油炸的食物感到不适，就是由于脂肪的存在影响了其他成分的消化。

肝脏分泌的胆汁，对脂肪有乳化作用，能够使脂肪变成微小颗粒。

"难消化"也有积极意义

一般来说，我们的"胃口"要求摄入的能量比身体真正需要的能量要多，多余的能量会转化为体重，储存起来。对于现代社会的很多人来说，"吃饱"已不是问题，而"长胖"成了一大健康隐患。有很多"减肥食品"实际上是刻意地去追求"难消化"。

目前研究比较充分的是膳食纤维和抗性淀粉。**膳食纤维**在

膳食纤维是一种多糖，它既不能被消化吸收，也不能产生能量。

大肠会吸收一部分水、无机盐和维生素。

蔬菜和粗粮中含量比较高,而抗性淀粉在常规的天然食物中含量比较少,现代食品技术往往通过对淀粉进行加工而得到抗性淀粉。在形形色色的"减肥食品"中,只有膳食纤维和抗性淀粉得到了学术界的广泛认可。

膳食纤维和抗性淀粉在进入**大肠**后,会成为肠道细菌的食物。某些细菌的生长会有增强人体免疫力等好处,这些细菌通常被称为"益生菌"。而有助于益生菌生长的食物成分也被称为"益生元"。

对于益生菌和益生元,科学上还有太多未知的地方,不过已经有了许多五花八门的商品。如果自己没有能力去辨别这些商品的真假,不妨"冷眼旁观"。而在自己的食谱中,适当增加一些富含膳食纤维的蔬菜水果和五谷杂粮,总是有益无害的。

知识点

食物在消化道内分解成可以被细胞吸收的物质的过程叫作消化(digestion)。

营养物质	消化过程	消化产物
糖类	唾液、肠液、胰液 / 口腔、小肠	葡萄糖
蛋白质	胃液、肠液、胰液 / 胃、小肠	氨基酸
脂肪	胆汁、肠液、胰液 / 小肠	甘油、脂肪酸

结论:食物消化的主要场所是小肠。

住嘴！吃这么多维生素"药丸"？

■ 枫羽扬

有位营养师曾发过一条微博，说一个孕妇怀孕初期每天补充25 000IU（每日可耐受摄入量的上限）的维生素A，当她知道维生素A摄入过量可能会使胎儿畸形后，就开始考虑不要这个孩子。这绝不是危言耸听，讲个直白的道理，维生素A摄入过量可使成年人肝中毒，大人尚且受不了，胎儿不是更敏感吗？

维生素是人体必需的一类营养物质，缺少它会导致各种疾病。然而过犹不及，体内的维生素也并不是"多多益善"。我们在补充维生素时，该如何考量维生素过量的风险呢？答案对于每一种维生素来说不尽相同。

维生素在体内既不参与构成人体细胞，也不为人体提供能量，但它在人体的生长、代谢、发育过程中发挥着重要作用。

人体需要从各类食物中获取维生素，以保障健康。

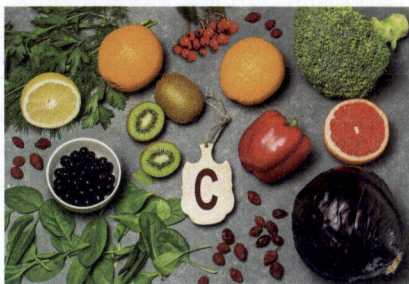

维生素的两大类别

不同的维生素具有不同的化学结构,根据溶解性不同维生素被分为两大类:脂溶性维生素和水溶性维生素。脂溶性维生素包括维生素A、维生素D、维生素E和维生素K。它们在水中的溶解度很低,却容易与油脂类物质互相溶解。

水溶性维生素易溶于水,它们主要包括维生素B族(维生素B_1、维生素B_2、维生素B_6、维生素B_{12}、烟酸、叶酸、泛酸、生物素等)和维生素C。脂溶性维生素在肠道中的吸收依赖于饮食中的脂肪,而水溶性维生素则更加容易被人体吸收。

吸收与清除

肾脏可以清除体内的代谢废物,同时通过重吸收功能保留水分和其他有用物质。

在人体对于维生素的吸收与清除的动态平衡中,更重要的是清除,也就是它们被排出体外的速度。后者才决定了这种维生素能够在体内积累多少。水溶性维生素在体内不那么容易储存。多余的部分被**肾脏**清除而通过尿液排出,不会在体内大量积累。相反,脂溶性维生素清除得比较缓慢。多余的部分能够储存在人体的脂肪组织和肝脏中,供以后利用。它们留在

体内积少成多，达到了一定量以后就容易导致毒性反应（维生素
B_{12}是个例外，虽然是水溶性维生素，却比脂溶性的维生素K更容
易储存在体内）。需要注意的是，水溶性维生素也不是绝对安全。
如果长期大剂量服用维生素C，也会引起恶心、腹泻甚至**肾结石**
等副作用。

尿液中的矿物质结晶沉积在肾脏里，有时会移动到输尿管。

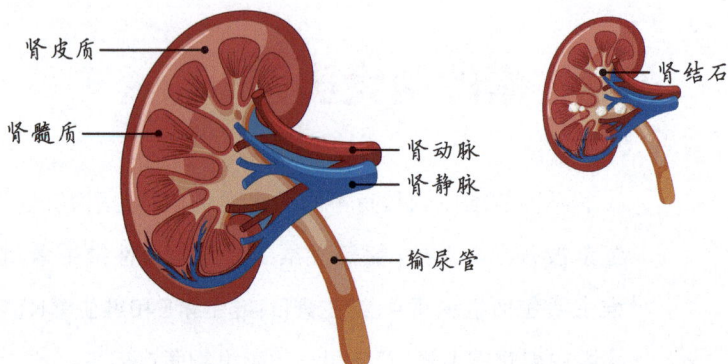

肾皮质
肾髓质
肾动脉
肾静脉
输尿管
肾结石

美国国家医学院（IOM）针对各种维生素设定了每日推荐
量（RDA）和每日可耐受摄入量的上限。对于9~13岁的青少年，
维生素C的每日摄入推荐量是45毫克，上限是1200毫克，二者
相差20多倍；而维生素A的每日摄入推荐量是600微克，上限是
1700微克，相差不到3倍。因此，补充维生素A时更需要提防摄
入过量的问题。

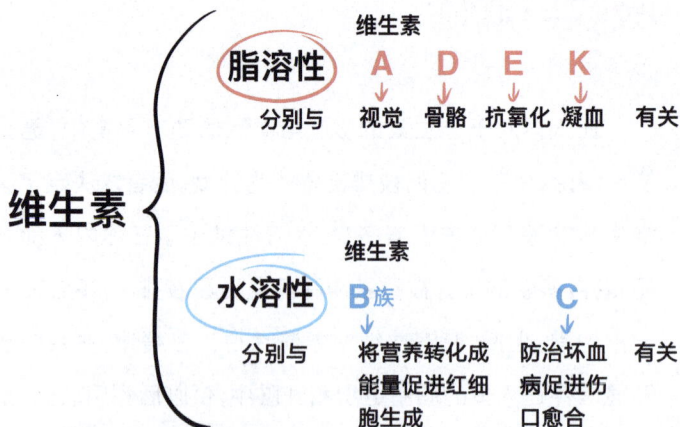

维生素

脂溶性　维生素　A　D　E　K
分别与　视觉　骨骼　抗氧化　凝血　有关

水溶性　维生素　B族　　　C
分别与　将营养转化成能量促进红细胞生成　防治坏血病促进伤口愈合　有关

超量的补充剂

维生素中毒大多是由每天服用超量的维生素补充剂引起的，而饮食原因导致维生素过量的情况则比较少见。维生素的存在形式也决定了是否容易摄入过量。鱼、肉、蛋和动物肝脏等来源于动物的食物中存在视黄醇、视黄醛和视黄酸，它们都是具有维生素A活性的分子。而植物性食物如胡萝卜中存在的类胡萝卜素，必须在小肠或肝脏中经过转化，才能具备维生素A的活性而被人体利用。

因此，食用胡萝卜补充维生素A就比食用动物肝脏更加安全。同理，如果维生素药片中添加的是类胡萝卜素，过量的风险就低于直接添加视黄醇这样的活性分子。

由此可见，无论哪种维生素都不是补充得越多越好。通过丰富而均衡的膳食获取维生素可以避免维生素过量摄入的风险，对我们的健康更加有利。

知识点

摄取的各种营养素的量要合适（不多也不少，比例适当），与身体的需要保持平衡。

伤口怎样好得快?

■ 枫羽扬

皮肤是人体最大的器官,构成了人体免疫的**第一道防线**,因而也最容易受到损伤。受伤之后,皮肤是怎样愈合的呢?

除此之外,人体还有另外两道防线。第二道是体液中的杀菌物质和吞噬细胞,第三道是特异性免疫,包括体液免疫和细胞免疫。

修补血管的"泥瓦匠"

皮肤轻微划伤或擦伤的时候,随着一阵疼痛,鲜红的血液从破损的毛细血管中渗了出来。首先发挥作用的是专门修补血管漏洞的"泥瓦匠"——血小板。血小板们发现情况后立即成群结队地奔赴现场,聚集成团并形成坚硬的保护痂,及时把血管的洞口补上。同时,它们还释放出一些化学物质让毛细血管收缩,最终让伤口处的血液凝固,起到止血的效果。

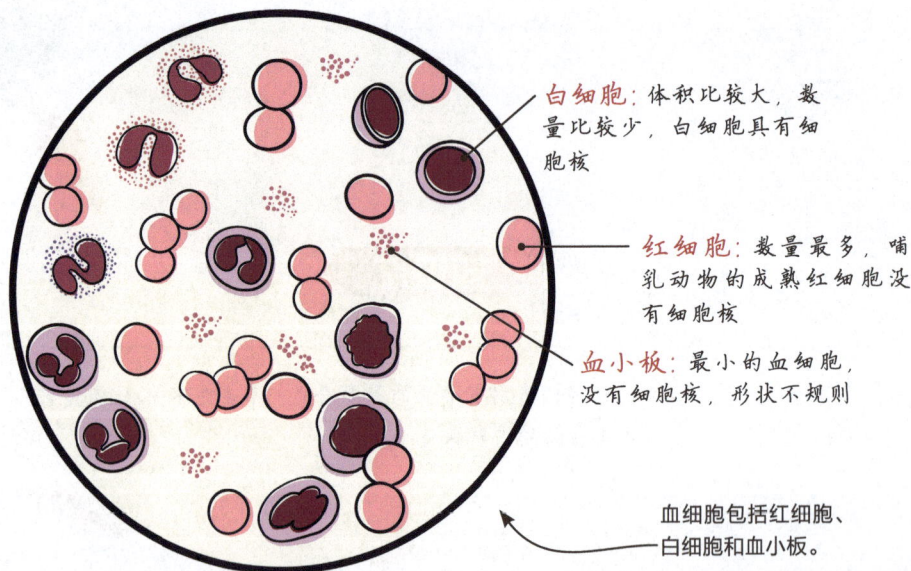

白细胞:体积比较大,数量比较少,白细胞具有细胞核

红细胞:数量最多,哺乳动物的成熟红细胞没有细胞核

血小板:最小的血细胞,没有细胞核,形状不规则

血细胞包括红细胞、白细胞和血小板。

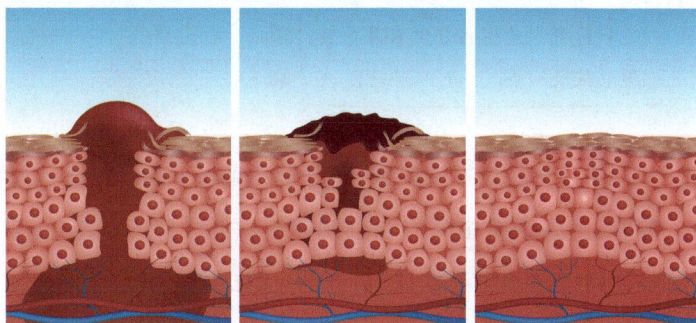

伤口愈合的过程。

在血小板的召唤下，各路细胞也纷纷前来支援。有的负责清除伤口中的细菌和死去的细胞，有的负责为修复伤口提供"弹药"和"供给"。这时，我们就会觉得伤口发炎了，表现为红肿、灼热和疼痛。经过一场"鏖战"，细菌节节败退，伤口的愈合得到了一个适宜的环境。新的组织不断长出，将刚长好的毛细血管包裹在其中，看上去像是粉红湿润的新芽，因此被称为肉芽组织。

"泥瓦匠"的好帮手

与正常皮肤不同的是，肉芽组织不够坚韧，难以抵抗外部的拉力。下一步任务就是要让新长出的皮肤恢复原有的弹性和功能，更加接近正常组织，而胶原蛋白在其中扮演着重要的角色。**胶原蛋白**是人体中一种非常重要的蛋白质，广泛存在于皮肤、韧带和软骨中，使这些组织富有弹性而不易断裂。在这个长达数月至数年的重建过程中，新的胶原蛋白不断地被制造出来，并且排列得越来越整齐致密。

胶原蛋白是动物结缔组织的主要成分，它占蛋白质含量的 25%~30%，是哺乳动物体内含量最多、分布最广的功能性蛋白。

59

飞行过程中的压强变化容易导致瘢痕破裂。

伤口快要长好的时候，新的神经也长了出来。它们幼嫩而敏感，受到组织生长的刺激就会产生使人痒痒的感觉。这时候要特别注意不要抓挠。遗憾的是，如果伤口比较深，就会形成瘢痕，最终也无法完全恢复到原来正常皮肤的坚韧程度。**招收飞行员时要求不能有瘢痕，就是这个原因。**

怎样才能让伤口好得快一些呢？

在物质与知识都极度匮乏的古代，火烧伤口、热油浇灼的杀菌方法被沿用了2000年。此外，古希腊人用醋和酒来清洗伤口，而古埃及人在伤口上涂抹油脂和蜂蜜。在医学飞速发展的今天，没有人再使用这些简陋甚至危险的方法了，但是预防细菌感染依然是伤口处理的一个重点。医生把伤口内部清理干净并消毒，就是为了防止感染，为伤口的愈合提供条件。

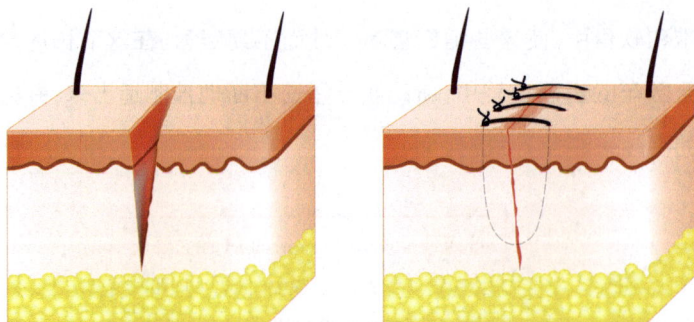

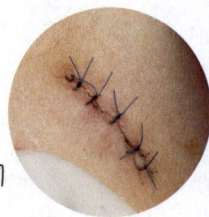

对较大的伤口进行缝合，也可以起到缩小创口，促进愈合的作用。

皮肤伤口

缝合

此外，对较大的伤口进行缝合，也可以起到缩小创口，促进愈合的作用。如果是干净整齐的小伤口，有时医生会用一种像胶水一样的"皮肤粘合胶"把伤口"粘起来"帮助愈合，与缝合的原理类似。这种"胶水"为创伤治疗开辟了一片新的天地。

影响伤口愈合的因素错综复杂。除了我们之前提到的感染和缝合之外，伤口愈合的快慢还受到年龄、营养、血液供应和疾病的影响。2017年年底，《科学》杂志主办的《科学转化医学》发表了一项来自英国的研究。这项研究表明，伤口愈合甚至受到**昼夜节律**的影响——同样的伤口如果产生在白天，就比产生在夜晚愈合得快。

昼夜节律指生命活动以 24 小时左右为周期的变动。

要进一步弄清楚伤口愈合背后的原理，使广大的患者受益，还需要科学家和医生们不断地探索和实践。

知识点

人受伤的时候，血小板会在伤口处聚集，形成凝血块堵塞伤口而止血。血液不仅具有运输作用，而且还具有防御和保护的作用。

看个感冒也要验血吗？

■ 死狗

血液是身体里分布最广泛的一种组织,维持着身体里酸碱度和氧气-二氧化碳平衡,清除局部致病原,输送营养与带走废物。

血液的各项指标能反映身体的健康状况。看病时,去验血会得到一张看似复杂的报告单(血常规检测表),医生能从检测报告了解血液中的细胞状况,为疾病诊断提供参考。我们自己也可以通过这张表,来了解一些有关身体的信息。

> 血液是由血浆和血细胞(包括红细胞、白细胞、血小板)组成的。

这个"病人"怎么了?

下面是一张"假想病人"的血常规检测表:第一行是红细胞计数,其正常数值范围在$3.5×10^{12}$/L到$5.5×10^{12}$/L之间,而检测结果为$3.0×10^{12}$/L,说明病人的红细胞数量降低比较明显,身体大概出了些问题。

检验项目	结果	单位	参考范围
1.红细胞	3.0↓	10^{12}/L	3.5-5.5
2.白细胞	8.5	10^{9}/L	4-10
3.血红蛋白	133	g/L	110-160
4.红细胞压积	46.3	%	36-50
5.淋巴细胞比率	65↑	%	20-40
6.单核细胞比率	4.3	%	3-8
7.嗜酸性粒细胞比率	2.7	%	0.5-5
8.嗜碱性粒细胞比率	0.8	%	0-1
9.中性粒细胞比率	35↓	%	50-75
10.血小板	133	10^{9}/L	100-300

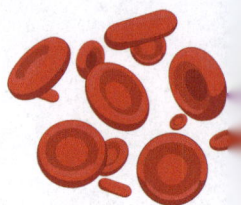

红细胞是血液中比例最高的血细胞,使血液看起来呈红颜色。

红细胞降低会导致运氧能力下降，可能会造成脑供氧不足，产生头晕的症状。红细胞里面的血红蛋白，有一个环状结构可以抓住亚铁离子。铁元素是血红蛋白的结构核心，如果含量不足往往会引起常见的缺铁性贫血。简单的贫血有可能是蛋白质摄入不足、营养不良导致的，可以通过调节饮食来改善。

还有些指标不对劲

这个"假想病人"有感冒症状，正在发烧流鼻涕，化验单里的淋巴细胞和中性粒细胞的比例都不太正常，淋巴细胞的百分比正常在20%~40%，这里有65%（异常）；而白细胞为8.5×10^9/L，处于参考范围的4×10^9/L到10×10^9/L之间（属于正常范围）；中性粒细胞的百分比正常为50%~75%，检测结果为35%（异常）。白细胞数量在正常范围内，淋巴细胞比例增加，中性粒细胞比例下降，这是典型的病毒感染血常规的表现。如果又感到浑身酸痛，一把鼻涕一把泪，这时候医生通常会建议病人好好休息。反之，如果病人**白细胞**和中性粒细胞数值偏高，那多半是细菌感染，要视严重程度，决定是否要用抗生素（抗生素只能针对细菌感染）。

检验项目	结果	单位	参考范围
1.红细胞	3.0↓	10^{12}/L	3.5-5.5
2.白细胞	8.5	10^9/L	4-10
3.血红蛋白	133	g/L	110~160
4.红细胞压积	46.3	%	36-50
5.淋巴细胞比率	65↑	%	20-40
6.单核细胞比率	4.3	%	3-8
7.嗜酸性粒细胞比率	2.7	%	0.5-5
8.嗜碱性粒细胞比率	0.8	%	0-1
9.中性粒细胞比率	35↓	%	50-75
10.血小板	133	10^9/L	100-300

注：白细胞是一系列血液免疫细胞的总称，有中性粒细胞（杀细菌和真菌）、嗜酸性粒细胞（杀寄生虫和调节过敏反应）和嗜碱性粒细胞（调节过敏反应）；还有一大类属于淋巴细胞（T细胞、B细胞和自然杀伤细胞），它们共同负责免疫工作。

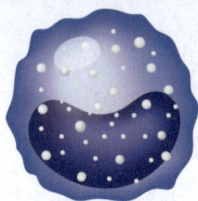

单核细胞

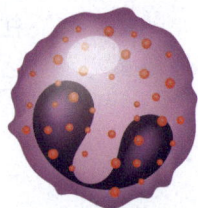

嗜酸性粒细胞

还有巨噬细胞和单核细胞，它们可以穿过血管，大量吞噬局部病原体。白细胞的寿命一般很短，比红细胞（约120天）还要短。除了淋巴细胞可能生活几周至数年，粒细胞和巨噬细胞等只能活几小时到几天。

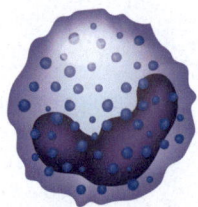

嗜碱性粒细胞

当细菌进入体内之后，中性粒细胞可以直接吃掉它们，所以这时中性粒细胞的数量会增加。而很多病毒会感染体细胞，这时淋巴细胞会把整个体细胞视作敌害，连同里面的病毒一起杀死，所以病毒性感冒会使淋巴细胞数量增多。

淋巴细胞

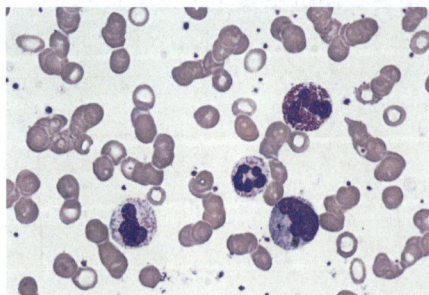

被红细胞和血小板包围的中性粒细胞（紫色大细胞）。

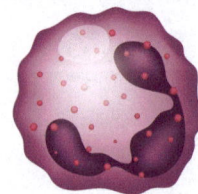

中性粒细胞

生物圈里的人

血友病就是一类凝血功能障碍的疾病,患者的凝血时间延长,容易出现生命危险。这也是一种遗传病,英国的维多利亚女王的后代中就频繁出现血友病患者。

血小板也是重要的血液组分

血小板由骨髓中成熟的巨核细胞的细胞质脱落而成,每个巨核细胞可产生2000~7000个血小板,一个健康人每天生成的血小板数量约为1200亿个。其主要的功能是帮助凝血,**血小板数量降低的时候,会导致凝血功能出现问题,后果往往很可怕,**一个小小的伤口如果血流不止也会引发大问题。

这个"假想病人"的血小板水平属于正常范围,没什么问题。血小板数量减少的诱因非常多,无一例外都会引起相对严重的后果,需要进行更深入的检查。

血液的健康非常重要,需要我们平时注意保持良好的生活习惯。了解有关血液的知识,可以帮助自己了解身体的状况,并且能在生病时及时配合医生找到合适的解决办法。看似复杂的血常规,现在感觉是不是不再神秘了呢?

知识点

流动的组织——血液

血液由血浆和血细胞组成。

红细胞呈两面凹的圆盘状,富含血红蛋白,可运输氧。成熟的红细胞没有细胞核,寿命只有120天。白细胞可以通过变形穿过毛细血管,到达病菌集中的部位,将病菌包围、吞噬。血小板是最小的血细胞,没有细胞核,形状不规则,能起到凝血、止血的作用。

7招远离中国致死率最高的疾病

■ 王永亭

每个人都希望能够保持健康，要做到这一点，我们需要了解自己的身体状况，做好疾病预防和保健，保持**心脏**健康是最重要的方法之一。保持心脏健康也会帮助你降低患上许多其他类型疾病的风险，如癌症和2型糖尿病。

> 心脏的大小大约与一个拳头相当。

心血管病不仅影响心脏和血管

心血管病是与心脏和血管有关的疾患。虽然通常被称为心血管病，但这类疾病不仅影响心脏和血管，还影响着另外一个重要器官——时刻依赖充足血液供应才能有效工作的大脑。大脑重量约为我们体重的2%，却消耗了我们每日所需能量的20%，这些能量都依赖于**心血管系统**的供应。

> 心血管系统又叫作"循环系统"，由心脏、动脉、静脉、毛细血管、血液等组成，是一个密闭的循环管道。

2015年中国城市和农村居民主要疾病死因构成比。

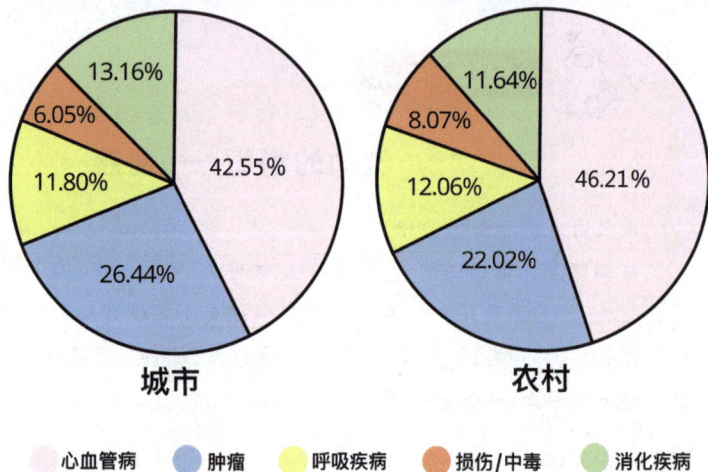

城市
- 42.55%
- 26.44%
- 11.80%
- 6.05%
- 13.16%

农村
- 46.21%
- 22.02%
- 12.06%
- 8.07%
- 11.64%

■ 心血管病　■ 肿瘤　■ 呼吸疾病　■ 损伤/中毒　■ 消化疾病

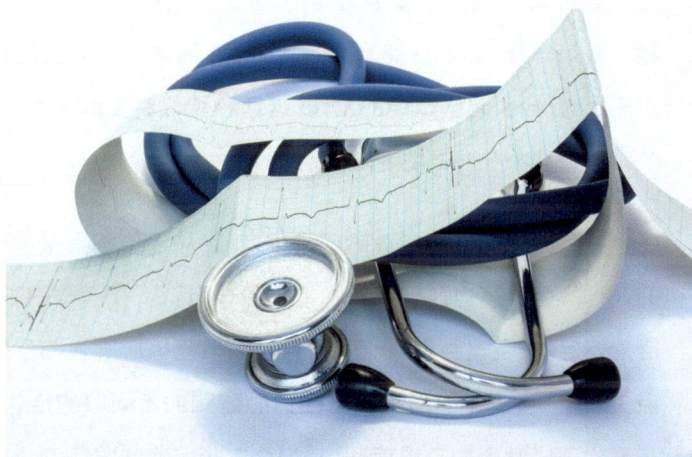

《中国心血管病报告2016》显示,2015年,我国心血管病死亡率居首位,高于肿瘤及其他疾病。我国心血管病患病人数约2.9亿,患病率仍处于持续上升阶段。其中脑卒中(中风)患病人数约1300万,冠心病约1100万,心衰约450万,风湿性心脏病约250万,先天性心脏病约200万。

自来水管道一样的血管系统

我们的血管系统就像是家里的自来水管系统一样,需要管道畅通才能运转自如。如果管道内有污垢沉积,或者有大块杂物进入管道,就会导致堵塞。高血脂会导致动脉血管发生粥样硬化,硬化的动脉斑块导致血管狭窄,使有关器官的血液供应发生障碍。

当血块或其他阻塞物切断流向心脏的一部分血液时，会引起心脏病发作。当血块堵塞或血管破裂，而导致部分大脑血液供应不足时，会引起脑卒中的发作。这两种貌似突发的事件，是长期的健康隐患积累所导致的。

在导致心血管病的危险因素中，年龄和遗传因素是不可控制的，除此之外，高血压、吸烟、血脂异常、糖尿病、超重与肥胖、体力活动不足、不合理膳食、代谢综合征、大气污染等因素都是需要重点关注的。青少年们通常没有任何心脏和血管问题的症状。但现在开始养成健康的习惯，可以减少心血管疾病的发病率。

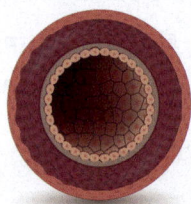

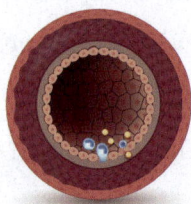

正常的动脉　　　　　　血管内皮功能障碍　　　　　　脂肪斑块

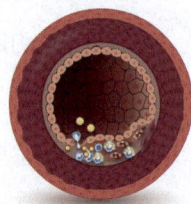

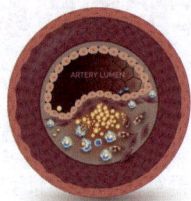

稳定斑块形成　　　　　　不稳定斑块形成

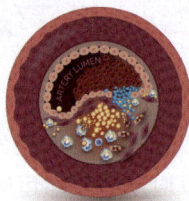

动脉粥样硬化示意图（横切面）。

保持7个好习惯,你的
心脏和血管会感激你!

1. 不要吸烟

2. 每天运动

3. 饮食平衡

4. 保持健康的体重

5. 保持正常血压

❤

6. 保持正常血脂

7. 保持正常血糖

为了健康,从小事做起

作为一个年轻人,如果你每天从小事做起,保持良好生活习惯,那么你将有更多的机会过上更长久、更快乐、更健康的生活。这里分享的7个好习惯都有一些重要的共同点:任何人都可以执行,实现起来并不难、也不贵。如果可以根据这些建议调整生活习惯,将使你终身受益。

知识点

把血液从心脏送到身体各个部分去的血管叫作动脉(artery)。
将血液从身体各部分送回心脏的血管叫作静脉(vein)。
连通最小的动脉与静脉之间的血管叫作毛细血管(capillary)。

牙疼为什么要做心电图?

■ 刘显英

今天我在看书的时候被锋利的书页划到了手,暗红色的血液从伤口中流出来,我用干净的纸巾按压了5分钟,流血就止住了。我被划伤的血管会是动脉吗?

体表比较容易触摸到**动脉**搏动的部位只有颈部、肘部、腕部、腘窝部(膝后的凹陷)、脚踝部。相较静脉或毛细血管而言,伤到动脉更加危险。动脉的压力大,伤到之后血液会喷射而出,需要用很大的力气和很长的时间去压迫止血。所以动脉"懂得"把自己"藏起来"。今天,我们就来聊聊动脉给病人和医生带来的"麻烦事"。

> 与静脉血不同,动脉血含氧量较高,因此颜色为鲜红色,而不像静脉血呈暗红色。

血管形状像水管一样,但是管腔大小差异很大。心脏周围的大动脉,如从左心室发出的升主动脉,内径能达到3厘米;而器官周围的微小动脉和毛细血管,直径只有6~9微米。由于各种原因,我们的动脉也会"得病",其内径大小会超出正常范围,变宽或者变窄。

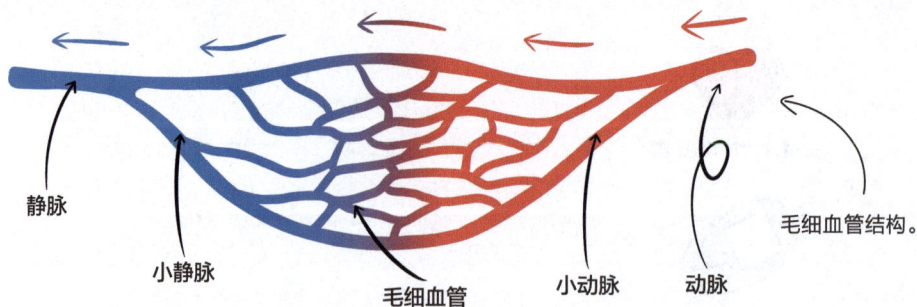

静脉　小静脉　毛细血管　小动脉　动脉

毛细血管结构。

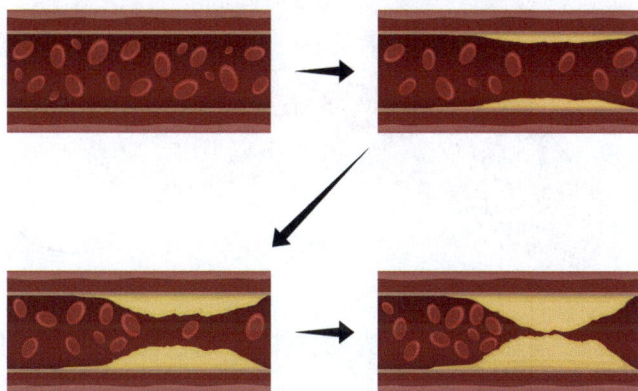

动脉粥样斑块就是这样逐渐积累，使血管变窄，从而导致血流减少的。

血管也会得病

血管"变窄"之后，到相应器官的血流就会减少。脑血管狭窄会造成脑缺血，让脑区支配的相应部位发生异常，表现为肢体瘫痪、感觉异常、失语、失明等。如果是暂时性的缺血，血流在几分钟之内会得以恢复（这种情况被称为一过性脑缺血发作），功能会在2小时内恢复正常或只遗留很轻微的后遗症，这算是非常幸运的。如果脑缺血的时间太长，可能会遗留严重的后遗症，甚至发生脑梗死。

但并不是所有的病人都有这种非常典型的表现。有的老年人因为牙疼、左胳膊疼、左肩膀疼甚至是肚子疼到医院找大夫，大夫却让病人赶紧去做心电图，病人就开始纳闷了，这医生的建议是不是驴唇不对马嘴呀？其实，这有可能是心肌缺血的"放射痛"，即疼痛可以放射到身体的其他部位。如果做了心电图后发现不是心肌缺血，那皆大欢喜；可万一是心肌缺血，因为没做心电图被误诊了，那就不得了了！

血管狭窄的程度如果不严重，平时是不会有什么感觉的。只有在某些"应激"的情况下才会表现出来。当你运动的时候，

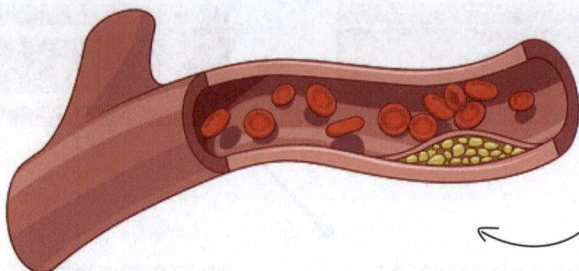

为心脏供血的冠状动脉"变窄"会造成心脏肌肉缺血，第一个症状就是疼痛，而且是非常有特点的"胸骨后压榨性疼痛"，这给身体拉响了警报。

需要消耗更多血液带来的有机物和氧，用于为细胞提供能量，此时心跳加速、心脏收缩力增强。血管变窄，使血流供应没法跟上需求，所以会出现"一运动胸前就疼，歇歇就好了"的情况。

血管狭窄的最常见原因之一就是"动脉粥样硬化"，常发生于中老年人中。不过，最新的一些研究发现，16岁时人的血管就开始有动脉粥样斑块沉积了，可见这是一个慢慢发展的过程。吸烟以及我们常说的"三高"（高血糖、高血压、高血脂）与动脉粥样硬化有密切的关系，"三高"人群是脑梗、心梗等血管疾病的高发人群。

不光能变窄，血管还能变宽

血管除了变窄，有的情况下还会"变宽"。这要从动脉的结构说起，大动脉的壁分为3层：内膜、中膜和外膜。动脉壁中膜含有

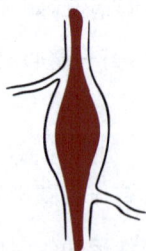

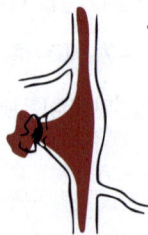

动脉瘤和动脉瘤破裂。

囊状动脉瘤　　　梭形动脉瘤　　　动脉瘤破裂

结缔组织是人和高等动物的基本组织之一, 它的主要功能为连接、支持、营养、保护。

丰富的平滑肌(中动脉内)或弹性纤维(大动脉内),使动脉具有弹性,可承受较大的压力。

某些**结缔组织**病(如埃勒斯-当洛二氏综合征)也会使动脉壁的弹性纤维发生变性,大大增加了发生动脉夹层的概率。离我们心脏最近的大血管是主动脉,主动脉夹层具有很高的危险性,急性期有可能发生夹层破裂、心包填塞等并发症,需要马上进行手术治疗。

还有种常见的动脉"变宽"的情况是动脉瘤,即动脉壁向外异常膨出。动脉瘤可以发生在很多位置,是长在血管上的"定时炸弹","爆炸"后非常危险!根据部位和大小,医生会选择在合适的时机进行"拆弹"。

说白了,血管就像是水管,用久了会出现水垢、裂纹、爆裂等情况,要好好维护,及时抢修。我们能做的就是保持良好的饮食、运动习惯,少吸烟,远离"三高",使血管更健康。

知识点

动脉、静脉与毛细血管3种结构,以及功能各具特点的血管,共同构成了人体内血液流通的管道。

来一份科学的"补血"指南

■ 死狗

　　当血液中的血细胞等组分降低，一般是在血红蛋白含量低于100g/L或者红细胞比容低于30%的时候，就该考虑是否需要进行输血了。

输血进行时

　　自从16世纪英国医生威廉·哈维在狗身上完成了大量的实验，并提出血液流动的理论后，有关输血疗法的发明和研究差不多贯穿了16~17世纪，一时间非常流行。随后渐渐形成了成熟的输血方法和理论，一同发展起来的还有全世界各国和输血相关的法律法规，以及和生物医学有关的医学伦理学、实验动物管理法。

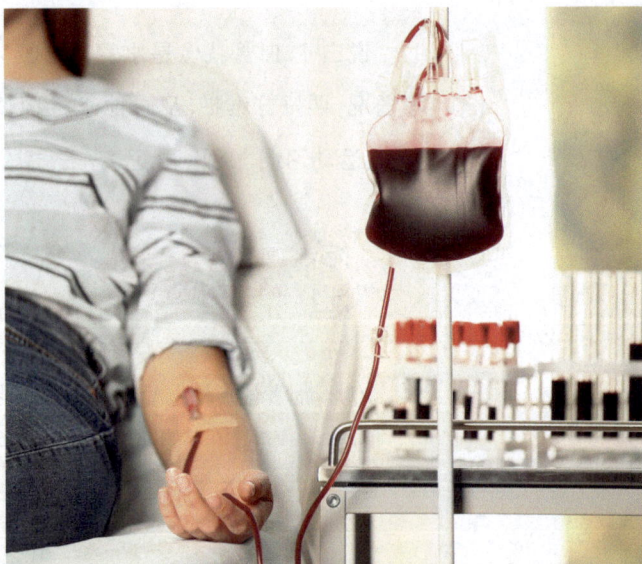

如今的输血已经可以将分离后的各种血液组成成分，单独用作对病人进行输血治疗。

最早的输血是提取供体（提供血液者）的血液，经过简单处理，以**全血**的形式输送给需要输血的受体（接受输血的病人）。而随着医学和生物学的进步，现今的输血已经可以分离各种血液组成成分（红细胞、白细胞、血浆、凝血因子、血小板等），对病人进行成分输血治疗。输血前，采血机构都有责任对供体血液进行检查。提取供体血液后，入库以前必须经历一系列检查，主要包括配型和血液传播疾病的筛查。

人们熟知的**ABO血型系统**，配型原则比较简单：A型不能输血给B型，B型不能输血给A型；A型和B型都能输血给AB型（万能受血型），AB型不能输血给A型或B型，O型作为万能输血，可以输给所有血型，但是却只能接受来自O型的输血。

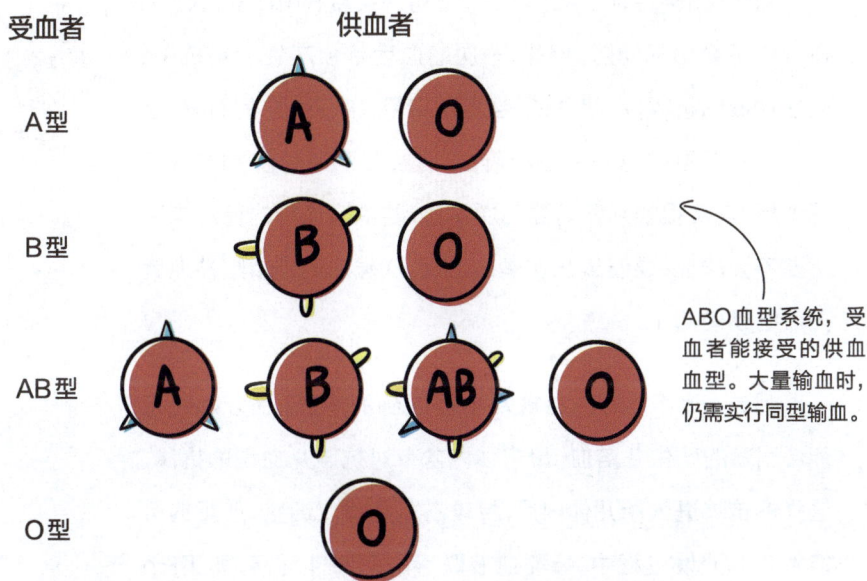

受血者	供血者
A型	A O
B型	B O
AB型	A B AB O
O型	O

ABO血型系统，受血者能接受的供血血型。大量输血时，仍需实行同型输血。

ABO 血型系统是根据红细胞膜上的凝集原类型区分的。例如 A 型血红细胞上有 A 凝集原，血浆中有抗 B 凝集素，B 型血红细胞上有 B 凝集原，血浆中有抗 A 凝集素。若将 A 型血输入 B 型血患者体内，抗 A 凝集素就会和 A 凝集原发生溶血反应。

不常见的熊猫血

有一种血型系统叫恒河猴血型系统（Rh血型系统），是人类30余种血型系统中重要性仅次于ABO的血型系统。Rh阴性血液携带者在汉族甚至整个亚裔种族中都比较少见，又被称为熊猫血。而在其他人种，比如在非裔美国人中Rh阴性血液携带者占比高达7%，在高加索人种（白色人种）里面Rh阴性血液的**基因频率**可以达到15%，在巴斯克人（主要分布在欧洲）中达到了21%~36%。

对于Rh阴性血（Rh−）病人，初次接受Rh阳性（Rh+）血液时不会出现问题。但是，一次输血后就会产生大量抗Rh阳性血液的抗体，也就是说，当再次接受Rh阳性血的时候，会出现非常严重的免疫反应和**溶血现象**。在严重外伤和内脏衰竭现场，其实很难判断需要几次输血，要依照当场的情况来决定要不要输血、要连续几次输血。当再次输血时，Rh阳性血就无法继续使用了。

另外一种Rh阴性血携带者会遇到的麻烦，是分娩时可能会引发的新生儿溶血（母亲体内含有对抗胎儿血型的抗体，这样的抗体进入胎儿体内后，会攻击胎儿的血细胞，严重的可能致死）。分娩过程中，母婴血液联通的概率非常高，如果Rh阳性血的母亲生下了Rh阴性血的孩子，由于血液联通，Rh阴性血的孩子体内会产生抗Rh阳性的抗体。

如果这个孩子是女孩，长大后如果生下Rh阳性血的孩

基因频率是指在某个种群基因库中，某个基因占全部等位基因数的比例。

溶血现象是指红细胞膜被破坏，导致血红蛋白从红细胞中流出。

子,会很容易引发新生儿溶血。就算Rh阴性血母体没有携带抗体,在孕育过程中,一旦经历过与Rh阳性血胎儿血液相连,胎儿的血液会引起Rh阴性血母亲产生大量抗Rh阳性抗体,并随胎盘传递给胎儿,此时胎儿会发生严重溶血并死亡。

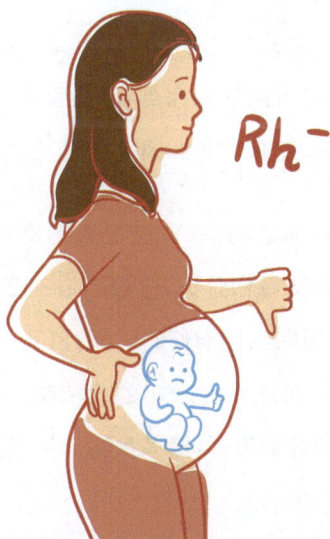

Rh⁻

母亲体内含有对抗胎儿血型的抗体,这样的抗体进入胎儿体内后,会攻击胎儿的血细胞,严重的可能致死。

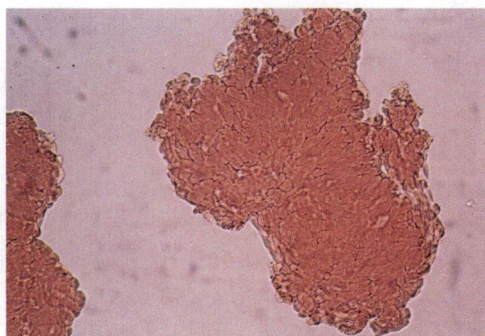

红细胞凝集。

血液输送也有风险

通过血液传播的疾病有很多，但是有些都还不为人所熟悉。输血前需要对血液样品进行严格的筛查，筛查人体免疫缺陷病毒（艾滋病病毒）、肝炎病毒（乙肝、丙肝病毒）等。除此之外，有些传染病如梅毒、原虫类（如疟原虫、锥虫等）疾病、寄生虫病，还有一些细菌类疾病，也会通过血液进行传播。

通过血液、体液传播的传染病是指因为血液或其他体液受到污染而传播的疾病。

在输血之前，每位供血者的资料和病历都会详细入库，以供事后调查和分析。检验通过的血液随后会按血液类型分开，并低温保存相当长的时间。其实，就算是通过检验的血液，也还是有可能携带未知的病原体。需要注意的是，我们要好好保护身体健康，尽量减少输血带来的风险。

知识点

输血

成年人体内的血量大致相当于本人体重的7%~8%。如果一次失血量超过800~1000毫升，就会出现头晕、心跳加快、眼前发黑和出冷汗等症状；如果一次失血量超过1200~1500毫升就会发生生命危险，需要及时输血。

让你憋！再憋就永远憋不住尿了

■ 喵奴.Cathy

当尿意来临,你是放下手中的事赶紧找厕所,还是先忙着,能忍则忍?憋尿对身体有没有什么影响?这要从"膀胱"说起。

> 膀胱位于骨盆内、子宫后(女性)、直肠前。

膀胱,是人体内储存尿液的器官。和人体内大部分囊性器官相似,膀胱壁也是由好几层不同类型的细胞,以一层包一层的形式构成的。

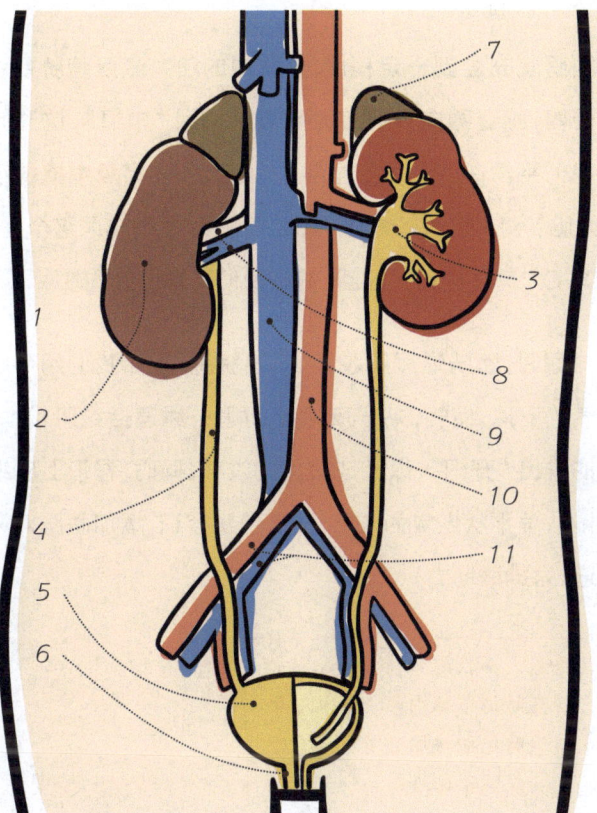

> 肾脏是形成尿液的器官。每个肾脏包括大约100万个结构和功能单位,叫作肾单位。每个肾单位由肾小球、肾小囊、肾小管等部分组成。

1. 人类泌尿系统
2. **肾脏**
3. 肾盂
4. 输尿管
5. 膀胱
6. 尿道
7. 肾上腺
8. 肾动脉和肾静脉
9. 下腔静脉
10. 腹主动脉
11. 髂总动脉和髂总静脉

③ YES

⑤排尿　④压迫尿液　①接收到压力信号　②"排尿"申请　中枢神经系统
膀胱　膀胱壁内感受器

⑤憋尿　④抑制排尿

③ NO

简单的排尿或憋尿反射过程。

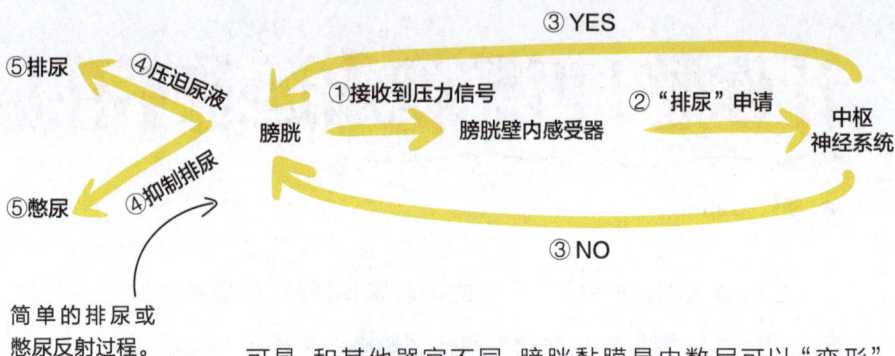

可是,和其他器官不同,膀胱黏膜是由数层可以"变形"的细胞构成的移形上皮。这层移形上皮,是膀胱那皮球般自如的收缩和膨胀能力的结构基础。

幼儿对排尿的控制较弱,就是因为他们的大脑未发育完全,不能有效控制排尿。

尿意从何而来

当膀胱充盈到一定程度,膀胱内的压力激活膀胱壁中压力感受器,感受器向脊髓和大脑发出排尿"申请",这时就会产生我们平常说的"尿意"。当"CEO"——**高级中枢神经系统**(大脑)对"申请"进行"批准",就会导致排尿这个动作。而"CEO"对"申请"驳回,就是我们平常说的"憋尿"。

排尿时,膀胱逼尿肌收缩,压迫膀胱,犹如我们用手压迫充满气的皮球,使气体从气口喷出;同时,尿道括约肌松弛,为尿液的排出"开门",以完成排尿的过程。同时,移形上皮细胞也慢慢从扁平状恢复为方形,降低膀胱容积,增加膀胱对尿液的压迫,为**排尿**助力。

人体排尿,不仅起到排出废物的作用,而且对调节体内水和无机盐的平衡,维持组织细胞正常的生理功能,也有重要作用。

少憋多健康

　　就像一直充气而不放气的皮球始终会有气体过分充盈而破裂的时候，**人体的膀胱也不是"有容乃大"的器官**。虽然可以承受一定程度的尿液充盈，但长时间憋尿，会导致膀胱肌肉一直处于拉伸状态，而移形上皮细胞也一直处于扁平状态。

> 通常成人的膀胱容量为350~500毫升，人体每天排出的尿液约1.5升。

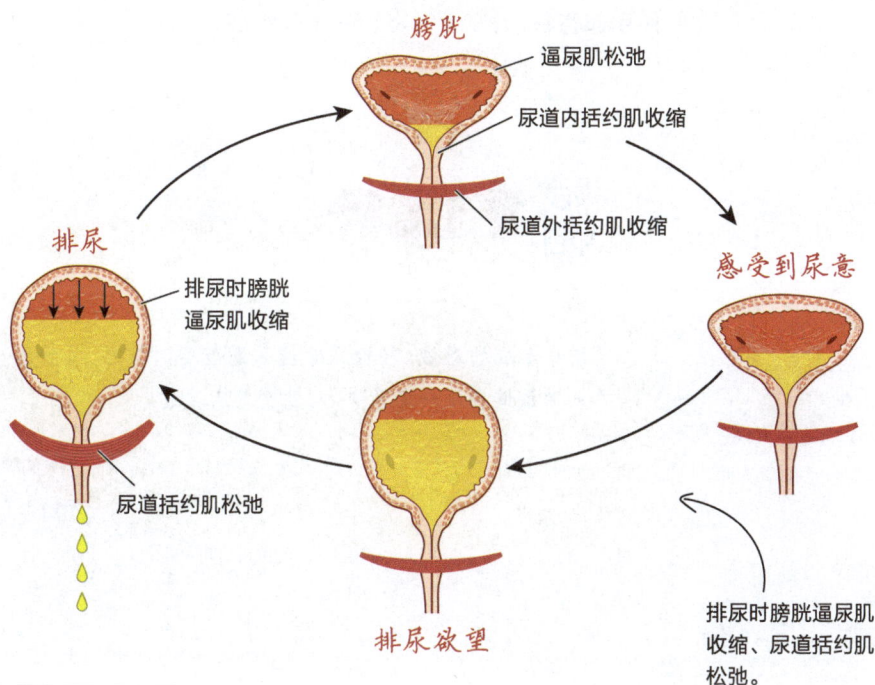

膀胱
- 逼尿肌松弛
- 尿道内括约肌收缩
- 尿道外括约肌收缩

感受到尿意

排尿时膀胱逼尿肌收缩、尿道括约肌松弛。

排尿欲望

排尿
- 排尿时膀胱逼尿肌收缩
- 尿道括约肌松弛

到了想解决的时候，有可能会因为肌肉收缩变慢、移形上皮细胞变形缓慢和排尿反射一直受抑制，导致压迫尿液所需要的"力"不足而尿液排出困难，即出现有尿意却排不出的情况。

虽然上述这种情况，一段时间后便可以恢复，但如果长期习惯性憋尿，膀胱一直处于高压状态，一方面会导致肌肉纤维受损、括约肌受损，即尿液"阀门"关不紧，进而导致尿失禁；另一方面，会导致膀胱压力感受器灵敏度降低，影响排尿反射，引起尿频、尿急。大量尿液在膀胱内潴留，也会增加患膀胱结石的概率。潴留的尿液甚至会导致膀胱高压，尿液反流到肾脏引起肾积水、肾盂肾炎等一系列肾病。

知识点

肾脏中形成的尿液，经输尿管流入膀胱暂时储存。当膀胱内的尿液储存到一定量时，人就会产生尿意。

脑子里竟然住着"英雄联盟"

■ 江小鱼

大脑作为身体中最复杂、最神秘的器官,支配着你的思维、记忆、性格、感觉和运动等一切高级功能。

> 注意,大脑只是人脑的一部分,人脑还包括小脑、间脑和脑干。

"统帅三军"的神经系统

大脑是神经系统的一部分,而神经系统可谓人体八大系统中的龙头老大。神经系统的主要职能是整合人体内、外环境信息,控制和调节其他系统器官的活动,以维持人体与内外环境的相对平衡。

神经系统从结构上总体可分为中枢神经系统和周围神经系统,如果将它比作一支军队,前者相当于中央司令部(包括脑和脊髓),负责整合后者上报的各种信息,下达指令;后者相当于地方作战部队和联络部队(包括12对脑神经和31对脊神经),负责与其他系统器官的信息业务联系。

> 神经元就是神经细胞,神经元的胞体就是神经元细胞核所在的地方,与其他细胞相似,含有高尔基体、内质网、线粒体等细胞器,是神经元加工信息、合成蛋白质等产物的重要场所。

神经系统的"头牌英雄"

神经系统结构和功能的基本单位是**神经元**。据估计,人类中枢神经系统含有1000亿个神经元。尽管不同部位、不同功能的神经元长相不同,但大体上包括胞体、树突、轴突几个结构。

神经元的功能是整合和传送信息。神经元独特的"爆炸头"（树突）和"尾巴"（轴突），均可以跟其他神经元形成连接，接受其他神经元传导的信息，或者把自己加工过的信息传导给其他神经元。

神经元接收到的信号在细胞内会以电的形式快速传导。在轴突把信息传导给其他神经元之前，会在突触前膜这个地方将信号"加密"为**神经递质**，游过突触间隙，再被其他神经元接收。通过电信号和化学信号两种传递方式，在你阅读本文的一秒内，就有成千上万的信息在你大脑的神经网络里"风驰电掣"，使你快速作出反应。

化学信号在神经元之间的传递是单向的。

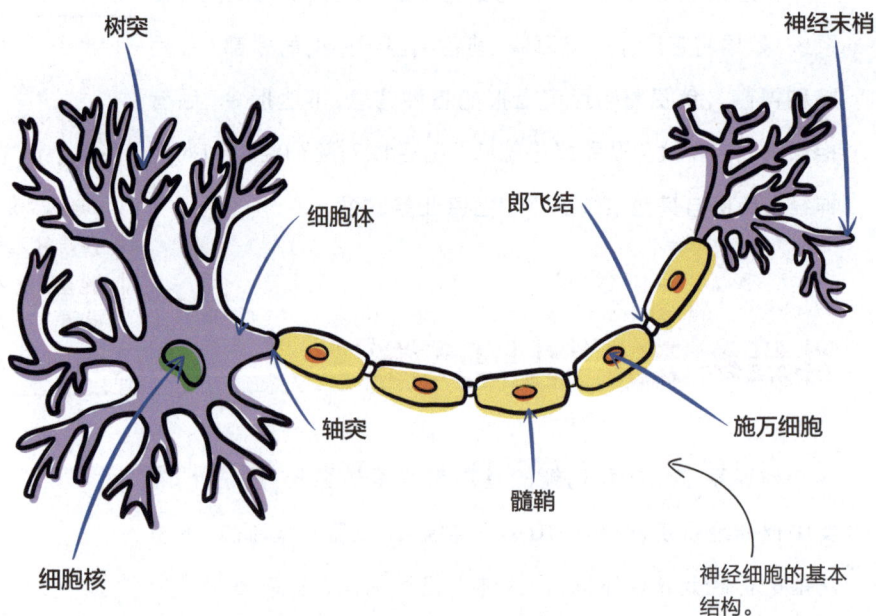

树突

神经末梢

细胞体

郎飞结

细胞核

轴突

髓鞘

施万细胞

神经细胞的基本结构。

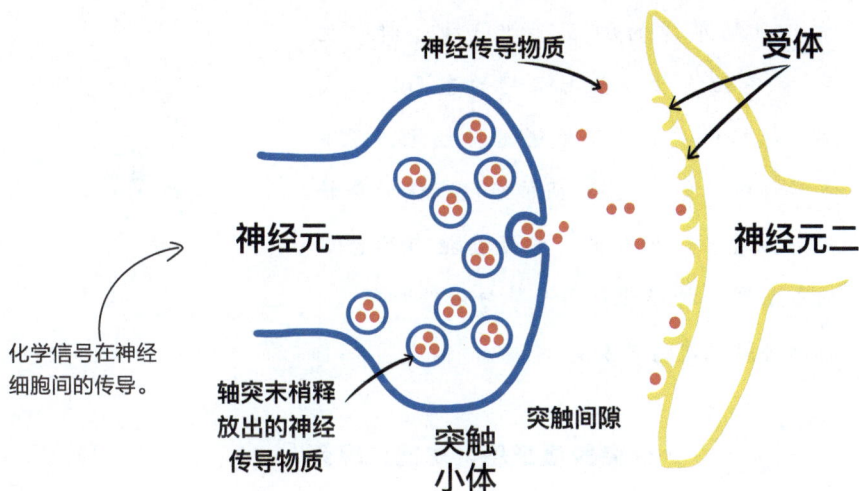

神经传导物质

受体

神经元一

神经元二

化学信号在神经
细胞间的传导。

轴突末梢释
放出的神经
传导物质

突触
小体

突触间隙

神经细胞的"英雄联盟"

神经元的功能虽然非常强大，但绝不是"一个人在战斗"。大脑里的细胞，除了神经元，还有几位帮忙的"英雄好汉"——神经胶质细胞。神经胶质细胞在数量上甚至是神经元的10倍，总体积占大脑的一半。它们的日常就是辅助神经元，一起"团战"、一起"打怪升级"。

神经元是神经系统最基本的结构和功能单位，分为胞体和突起两部分。突起包括轴突和树突。
每个神经元可以有一个或多个树突，可以接受刺激并将兴奋传入细胞体。每个神经元只有一个轴突，可以把兴奋从胞体传送到另一个神经元或其他组织，如肌肉或腺体。

1号"英雄"：星形胶质细胞；功能：辅助

星形胶质细胞是体积最大的神经胶质细胞，拥有很多长的突起。因为个头最大，星形胶质细胞的突起交织成网，像填充物一样固定住神经元的位置。它的突起连接毛细血管，参与血脑屏障的构成，像门神一样"把关"，不让血管内乱七八糟的东西进入大脑，选择优质的物资输送给神经元，还负责帮神经"倒垃圾"，将神经元代谢的废物扔回血管。不但如此，它还会把自己合成的氨基酸、神经营养因子等分泌给神经元，帮助神经元快速"发育"。

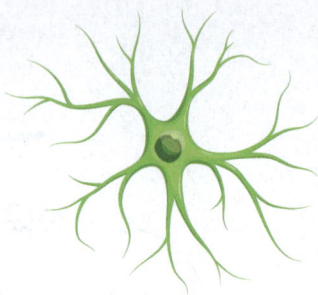

2号"英雄"：少突胶质细胞；功能：坦克/辅助

时间就是生命，保证神经元的电信号快速传递非常重要。少突胶质细胞绝对是神经元的强助攻，它们的突起可以包绕神经元的轴突形成电线皮一样绝缘的髓鞘，每段髓鞘之间裸露的轴膜叫"郎飞结"，可以通电发生**膜电位**改变。对于无髓鞘的神经纤维，电信号是"小碎步"跑过去的，对于有髓鞘加持的神经元，电信号却可以在郎飞结之间"旋转跳跃"。"加厚的电线皮"（髓鞘）还可以起到"坦克"的作用，保护神经轴突。

> 膜电位一般指的是膜内和膜外的电位差。

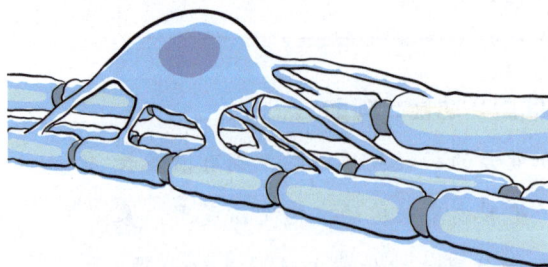

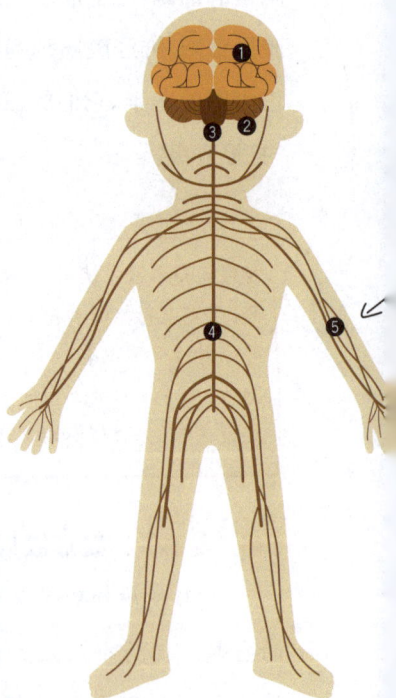

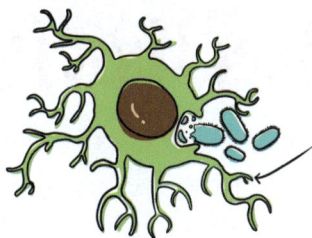

3号"英雄"：小胶质细胞；功能：输出

神经系统非常"富有"，经常有病毒、寄生虫、细菌等"不法分子"会想方设法混进血脑屏障，有时候因为它们伪装太好，星形胶质细胞未必能识别出来。小胶质细胞是定居在神经系统中的吞噬细胞，虽然是个头最小、数量最少的胶质细胞，却是杀伤力最强的细胞。平常没有外敌，小胶质细胞会负责监视神经系统的安全，顺便做一些"清道夫"的工作，清掉老化变性的髓鞘、细胞等。一旦发生炎症反应，小胶质细胞会迅速增殖，快速迁移到损伤部位，将病毒、细菌等连同被入侵的细胞一起吞噬、溶解，起到免疫防护的作用。

近几十年来，科学家发现神经胶质细胞的功能远没有设想的那么简单，胶质细胞与许多神经精神疾病，如自闭症、精神分裂症、帕金森综合征和各种脑肿瘤的发生关系非常密切。

神经科学是目前发展最快的领域之一，知识在快速更新，只了解教科书可不够哦。

❶**大脑**：左右两个大脑半球，表面是大脑皮层。约有140亿个神经细胞，具有感觉、运动、语言等多种生命活动的功能区——神经中枢；大脑皮层是调节人体生理活动的最高级中枢。

❷**小脑**：协调运动，维持身体平衡。

❸**脑干**：下部与脊髓相连，其中有些部位专门调节心跳、呼吸、血压等。

❹**脊髓**：脑与躯干、内脏联系的通路，具有某些低级的神经中枢。

❺**神经**：脑和脊髓还有通向内脏器官的神经。

知识点

神经系统是由脑、脊髓和它们发出的神经组成的。

无数食盐谣言，你中过几次套？

■ 田达玮

我们每天都在吃的食盐，曾经陷入过各种谣言之中，从早先的"食盐能预防SARS"到"食盐能抗核辐射"，这些谣言一次次让人们产生恐慌，有时还会引发抢购食盐的风潮。

更有甚者，曾有人谣传，我国添加在**碘盐**中的碘酸钾比碘化钾毒性大，对人体有害，添加碘化钾的碘盐才是安全的。其实，碘酸钾和碘化钾都是世界范围内广泛使用的碘剂，作为碘强化剂在安全性上都没有什么问题。

> 加碘食盐里面的碘，指的是碘元素而不是碘单质哦。

碘是什么

碘是人类和很多生物都必需的**微量元素**。对于我们人类来说，这种元素是甲状腺激素合成的重要原料，而甲状腺激素对于我们生长发育、维持和调节体温、调节代谢具有重要作用。

> 人体最常见的微量元素有锌、铁、铜3种。

如果碘摄入不足，就可能造成**碘缺乏病**。例如甲状腺肿，也就是俗称的"大脖子病"。因为缺碘，甲状腺无法合成足够的甲状腺素，而大脑中的垂体会不停释放促甲状腺素，催促

> 5月15日是全国碘缺乏病宣传日，这是为了让国民认识到缺碘的危害。

甲状腺合成甲状腺素，同时还会让甲状腺增大，使其合成甲状腺素能力提升，这就导致了"大脖子病"。肿大的甲状腺会压迫颈部血管和声带，使面部水肿，声音沙哑。在补充碘之后，甲状腺肿一般能够恢复，但如果长时间缺乏碘，增大的甲状腺中可能会产生不可逆的甲状腺结节。

除了甲状腺肿之外，碘缺乏还会造成克汀病，造成这种疾病的原因是怀孕阶段的妇女碘摄入不足，甲状腺素水平下降，影响胎儿正常的生长发育，严重的可能造成听力障碍、智力低下以及生长发育滞后。除这两种疾病外，甲状腺素分泌不足还可能造成地方性的胎儿流产、早产、畸形等。这一系列由碘缺乏引起的疾病被统称为碘缺乏病。

甲状腺分泌的甲状腺素功能：
1. 促进新陈代谢。
2. 促进成长发育。
3. 提高神经系统的兴奋性。

食盐中加了什么碘

既然缺碘会造成这么多可怕的疾病，那么该如何补碘呢？虽然在土壤、岩石、水、空气以及动植物体内都有微量的碘，但是我国的大部分内陆地区的土壤和水体中碘含量并不是很高。因此，我们需要通过其他方式来获得碘元素。1994

碘

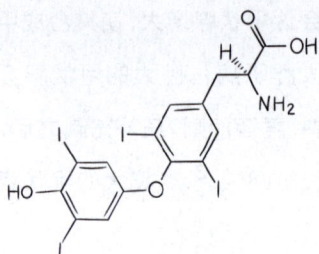

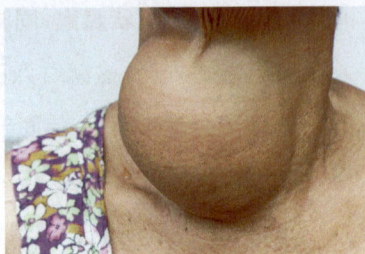

甲状腺素的合成需要碘（左图为甲状腺素结构式）。缺碘会造成甲状腺肿（右图）。

年,我国开始实行全民食盐加碘,我国的碘缺乏病得到了有效的控制。

由于**碘单质**的化学性质很不稳定,食盐中添加的碘并非碘单质,而是更加稳定的碘化钾或碘酸钾。1994年,世界卫生组织（WHO）和国际控制碘缺乏病理事会（ICCIDD）根据多国经验总结,认为每天摄入0.2~0.4毫克碘是合适的（不超过1毫克就是安全的）。无论是碘酸钾,还是碘化钾,在食盐中添加的剂量,都远远不足以致人中毒。

我国的加碘盐所采用的是碘酸钾,是因为碘酸钾比碘化钾更稳定,在储存和运输中更不易流失。碘化钾的溶解性很好,可以雾化后喷在干燥的盐上。不过受潮后,装在编织袋中的碘化钾会溶出并吸附在袋子上,造成碘的流失。而且,碘化钾的化学性质不太稳定,受潮、受到光照、受热,以及酸性环境和杂质等因素都能使它氧化并失效。

相比之下,碘酸钾对环境的要求就没有那么高,更加稳定。它的**溶解度**不如碘化钾,不太容易流失,更方便储存和运输。此外,像澳大利亚、德国等发达国家也在食盐中添加碘酸钾。

碘单质是紫黑色晶体,有毒性和腐蚀性。

溶解度是指一定温度下某物质在100克溶剂里达到饱和状态时所溶解的克数。

补碘要适量

碘过量对人体也有危害。长期摄入过量的碘，也可能会造成高碘甲状腺肿、甲状腺功能亢进、甲状腺功能减退等疾病。随着生活条件的改善，我国内陆城市的居民也能够十分便利地购买到海产品，海产品中的碘含量一般较高，因此食盐中添加碘的含量也应当做出相应的调整。

在2011年，我国发布了《食用盐含碘量》的新标准，新标准中允许各地根据当地的实际条件，适当调整食盐中加碘的含量，做到更加科学合理地补碘。

知识点

人体的生命活动主要受到神经系统的调节，但也受到激素调节的影响。

吃药防长高？身高限制了想象力

■ 叶盛

人体内的激素多种多样，大都存在于血液之中。这么多种类的激素混在一起，是如何避免彼此干扰的呢？

原来，每种特定的激素，都有专门的**受体**与其匹配。有些激素受体分布在细胞表面，能与特定激素结合，匹配的结果就像答对了接头暗号，之后就能向细胞传递指令了。

> 受体是一类能传导细胞外信号，并在细胞内产生特定效应的分子。

内分泌系统

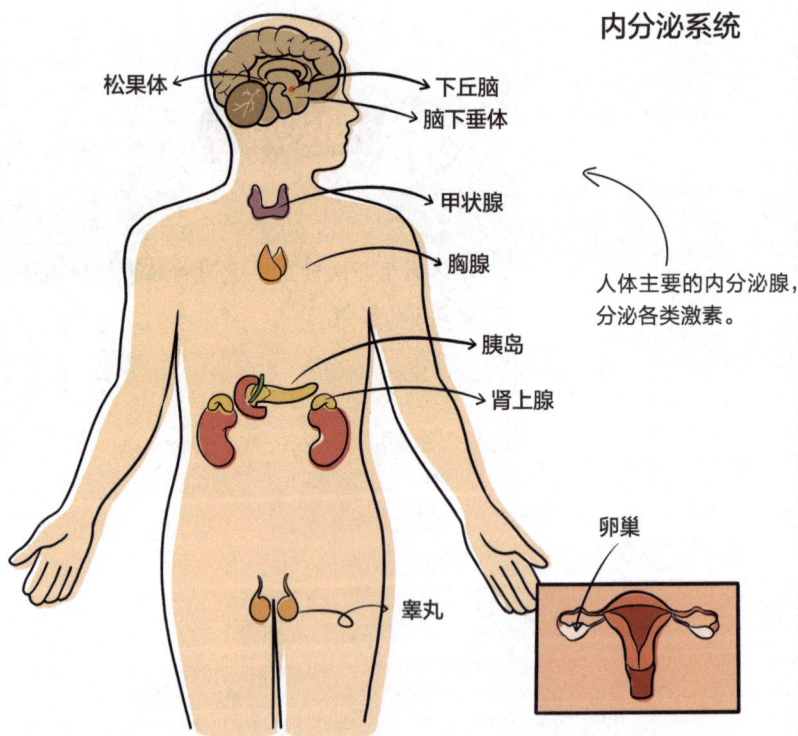

松果体
下丘脑
脑下垂体
甲状腺
胸腺
胰岛
肾上腺
睾丸
卵巢

人体主要的内分泌腺，分泌各类激素。

一种激素一种受体

我们常说"一把钥匙开一把锁"。激素与对应受体之间的关系，就如同钥匙与锁一样：钥匙上的凸块只有对应锁芯的凹槽，才能顺利打开门锁；受体上往往也有特定形状的"凹槽"，正好与相应的激素分子"凸块"相匹配，才能引发进一步的信号传导。除了形状的匹配，激素"凸块"和受体"凹槽"的电荷性质往往是相反的，还能通过异性相吸的原理紧紧结合在一起。

当激素来到细胞表面，与自己对应的受体结合之后，激素所携带的"命令信息"就会传导到细胞内部，甚至到达细胞核里去开启一系列基因，从而让细胞做出正确的反应。比如，**胰岛素**被胰岛分泌进入血液之后，会穿透血管壁进入身体组织当中，与肌肉细胞、脂肪细胞、肝脏细胞等细胞表面的胰岛素受体结合。

不同的细胞接收到胰岛素信号之后做出的反应也不同：肌肉细胞会加速蛋白质代谢，脂肪细胞则加速脂肪代谢，而肝

胰岛素是人体内唯一能降低血糖的激素。很多糖尿病病人的患病原因就是胰岛素分泌不足。

脏细胞会加快肝糖原的合成。所有这些工作都会大量消耗能量，于是这些细胞就会主动从血液中吸收更多的能量物质——葡萄糖。就这样，胰岛素信号让血液中的血糖浓度降低了。

显然，不同的激素对应着不同的激素受体，不相匹配的激素与受体之间无法结合，就像用错误的钥匙打不开锁一样，避免了不同激素信号之间的干扰。一种激素的受体也不会出现在所有细胞的表面，而只存在于需要接受这种信号的细胞表面。比如，与女性卵细胞成熟有关的卵泡刺激激素，它的受体就只存在于卵泡以及生殖相关组织的细胞表面，而不会出现在肌肉细胞或是神经细胞的表面。这也大大减少了信号错误传输的可能。

利用激素和受体制造药物

在我们的生活中还会发生这样的情况：自己用错了钥匙却不知道，情急之下一用力就把钥匙折断了，彻底卡死在锁眼中。有很多药物分子恰恰就是通过把激素的受体"卡死"来发挥作用。这类药物被称为这个受体的拮抗剂，它们通常与天然激素长得有几分相像，能够与受体牢固结合，却又不会导致受体被激活，也就不会向细胞内传导信号。

比如，治疗高血压的降压药物美托洛尔就是一种拮抗剂，它能够与β肾上腺素受体紧密结合，阻断真正的肾上腺素发挥收缩血管的作用，从而达到降血压的目的。再如，北欧国家的人会要求

胰岛素 葡萄糖

胰岛素和受体匹配
打开葡萄糖的通道

葡萄糖的通道开启,
葡萄糖进入细胞

胰岛素受体

葡萄糖的通道

胰岛素的工作过程。

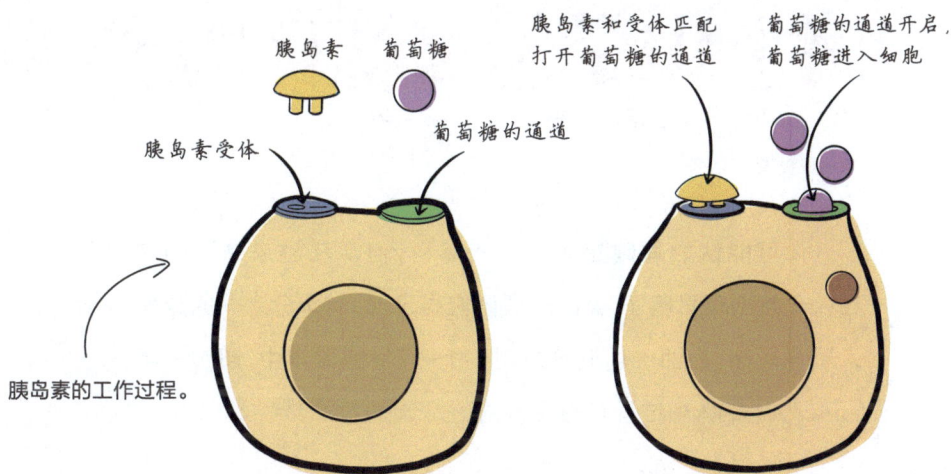

医生给自己的孩子注射生长激素受体的拮抗剂药物,避免孩子未来身高过高带来的种种不便。

有拮抗剂,自然就有功能相反的激活剂。天然激素本身就是受体的激活剂,因而可以直接作为药物来使用,如前文提到的胰岛素、肾上腺素、**生长激素**,都是激素类药物。科学家还会设计一些与天然激素类似但比其更稳定的分子,将其当作受体的激活剂来使用,效用更持久。

生长激素可以促进蛋白质合成,影响脂肪和矿物质代谢。

知识点

人体内的激素含量少,作用大。每100毫升血液中,只有几微克激素,却对生长发育和生殖等生命活动起着重要的调节作用。

才上中学怎么就耳鸣了呢?

■ 史睿智

你可能认为耳鸣是老年人的专利,但现在越来越多的年轻人开始出现耳鸣了。美国一项研究显示,约有十分之一的成年人患有耳鸣。巴西一项调查发现,11~17岁的青年中,超过一半(54.7%)的人有过耳鸣的经历。

想象一下,当你刚想集中注意力写作业时,耳边突然有只"苍蝇"在嗡嗡叫;或者当你晚上躺在床上想安静入睡时,耳边却发出吱吱的声音。这种在没有任何外界刺激下,耳内产生的异常声音就是听力损害的早期征兆——耳鸣。

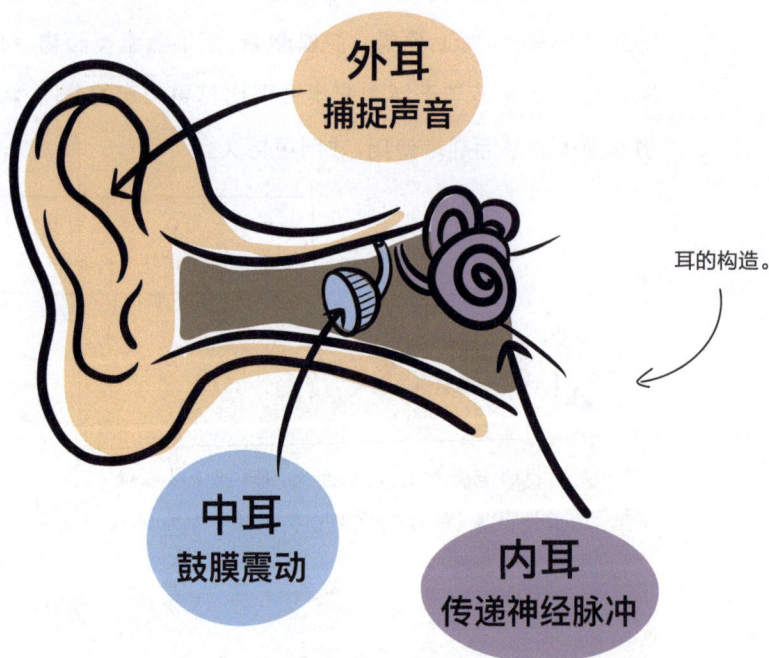

外耳
捕捉声音

耳的构造。

中耳
鼓膜震动

内耳
传递神经脉冲

毛细胞是感觉上皮细胞,它可以感受声波刺激。

耳蜗毛细胞受损会导致耳鸣

如果把耳朵想象成大海,位于内耳(耳蜗)的**毛细胞**就如同海水中的水草。就像海浪传过来,水草会跟着海浪运动一样,当声波传过来的时候,**毛细胞也会随着声波反复伸展和收缩,最终通过连接在它身后的神经把声波的信号传递到大脑中。**

内耳中的流体和纤毛还有调节身体平衡感的作用。当你走路和跑步的时候,你耳中的流体也会运动,耳中的纤毛会感受到这些运动,捕捉到你的头部位置信息的变化,并将这些变化信息传递给脑部,进而调节身体的平衡。

人耳蜗的结构是很脆弱的,当声音过大的时候,耳蜗毛细胞会出现暂时性或者永久性的损伤,于是就可能出现耳鸣。此外,严重的心理问题和某些药物也可能会引起耳鸣。

5招防治耳鸣

目前医学上还不能彻底治愈耳鸣,不过有一些办法可以帮助你预防和缓解耳鸣。

尤其是年轻人,不要长时间戴耳机听音乐。比如,某些面临高考压力的高中生,喜欢整夜戴耳机听歌入睡,但第二天早起突然发觉自己有严重的耳鸣了。对于这种情况,医生通常会给的第一个处方就是不要再戴耳机听歌了。

俗话说,眼不见心静,耳不听也心静哦。利用白噪声可以转移注意力,减少耳鸣给自己情绪带来的扰动。可以想象一下运行中的风扇、加湿器和空调等,它们的声音都是有效的白噪声。还有一些非人工的声音，比如波浪、瀑布、雨或夏天夜晚的声音。我们需要注意保护好自己的耳朵，预防**中耳炎**的发生。

精神因素也可以诱发耳鸣，抑郁症或焦虑症都会继发耳鸣。患者在服用抗抑郁和抗焦虑药物后，耳鸣会得到缓解。据调查，英国五分之一的耳鸣患者在通过服药治疗耳鸣。

如果你有以上的诱因，并且受耳鸣的困扰较重，可以考虑在医生的指导下用药。

正念等心理学疗法也可以帮助人们减少耳鸣带来的困扰，其核心是教会人们怎样接受耳鸣，而不是与耳鸣作对。一两次的耳鸣其实不用太过担心，但如果是长期耳鸣，就表示你可能处在听力受损的前期，可不要忽视哦。

中耳炎的症状主要为耳痛、流脓、鼓膜穿孔、听力下降等。鼻咽部有炎症时，要及时治疗，避免引起中耳炎。

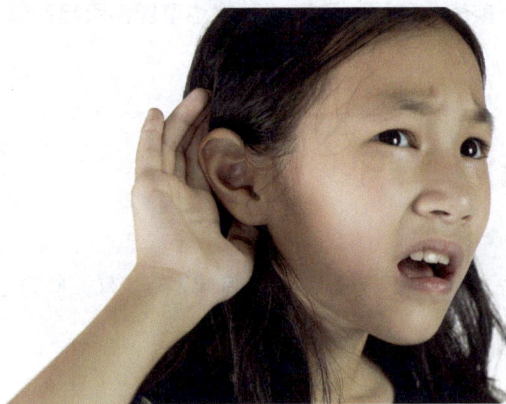

长期耳鸣要及时去医院就医。

知识点

外界的声波经过外耳道传到鼓膜，鼓膜的振动通过听小骨传到内耳，刺激了耳蜗内对声波敏感的感觉细胞，这些细胞就将声音信息通过听觉神经传给大脑的一定区域，人就产生了听觉。

吃土不容易，蚯蚓有个性

■ Li

对于一切陆生生物而言，土壤是载体。土壤生态系统的健康与我们人类生存息息相关，多种土壤生物都参与了土壤生态系统的维持，其中长长的蚯蚓正是一名勤勤恳恳的"**陆地生态系统**工程师"。生活在土壤中的它们，将腐败的有机物及植物茎叶碎片连同泥土一起吞下，是名副其实的"吃土达人"。

在一定的空间范围内，生物与环境所形成的统一的整体叫作生态系统。陆地生态系统包含森林、草原、农田、城市等生态系统，陆生生物立足于此，人类也生活在其中。

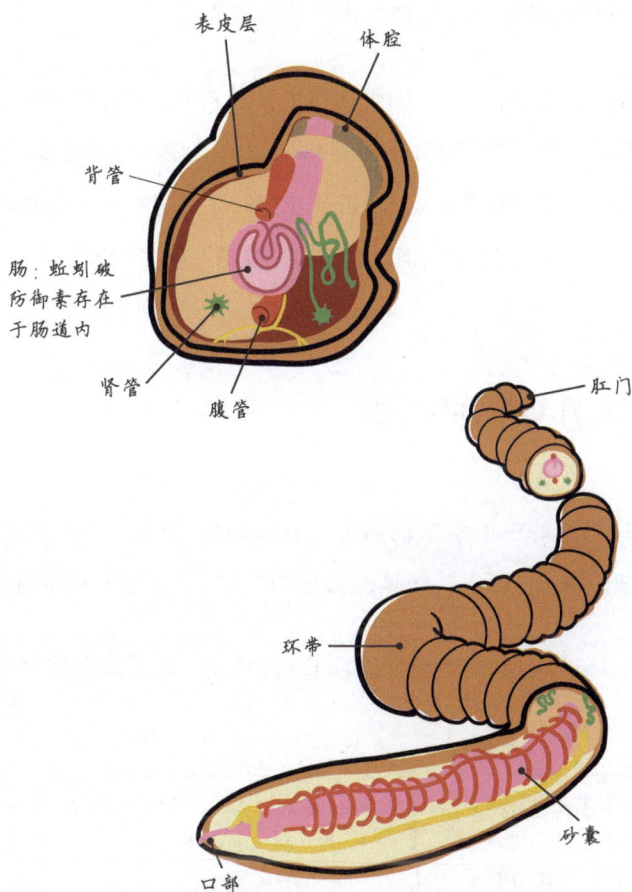

表皮层
体腔
背管
肠：蚯蚓破防御素存在于肠道内
肾管
腹管
肛门
环带
砂囊
口部

"吃土"也不容易

蚯蚓通过"吃土"的生存方式**改善土壤结构,促进土壤中养分的循环**。千百万年来,地球大陆愈发生机盎然,这离不开蚯蚓的贡献。然而,"吃土"也不是一件简单的事情。

在陆地生态系统中,植物是重要的组成部分,据估计每年全世界土壤中有3.5×10^{10}吨的陆地落叶。而植物会产生大量的多酚类物质,并将其作为防御素,避免被食草动物吃掉。

植物中的多酚类物质通过结合沉淀可溶性蛋白,可以抑制生物酶的活性,也就是说这些落叶对于某些动物来说是有毒的。

当落叶落入土壤后,这些多酚类物质也就进入了土壤,并且落叶中含有的多酚类物质非常多(可占到树叶干重的1%~25%)。因此,大量多酚类物质会对土壤中的微生物及动物产生影响,进一步抑制了土壤中养分的循环。蚯蚓可以以落叶碎片为食,那么它是如何处理这些"有毒"的多酚呢?

吃土达人的独家秘籍

关于蚯蚓与陆地生态系统的研究也越来越多。近来,又有研究发现了蚯蚓是如何智破植物"防御素",使其能够在"吃土"的道路上越走越远的。

蚯蚓属于**环节动物**,具有典型的环节动物特点。蚯蚓体呈圆筒形,具有明

环节动物的身体呈圆筒形,由许多彼此相似的体节组成,靠刚毛和疣(yóu)足辅助运动。

蚯蚓吃进土壤中的有机物,消化后排出的粪便中含有丰富的氮、磷、钾等养分,能够提升土壤肥力。

水蛭（左）和沙蚕（右）都属于环节动物。

显的分节现象。蚯蚓含有次生体腔，即在体壁与肠之间存在空腔，体壁上含有黏液细胞，可分泌黏液使体表湿润光滑，结合消化管壁上具有的肌肉层，使其能在土壤中顺利穿行。

在体腔的中央就是蚯蚓的肠道，来自欧洲的科研团队发现了一种大量存在于蚯蚓肠道内的二烷基呋喃磺酸类物质，并将其命名为"蚯蚓破防御素"（drilodefensins）。这种物质似乎是蚯蚓独有的，在蚯蚓的近亲——其他环节动物中还未发现其踪影。

有点像洗洁精

该团队进一步的实验表明，"蚯蚓破防御素"能够起到**表面活性剂**的作用，即能在不影响肠道酶活性的条件下，通过降低植物多酚类化合物之间的表面张力等手段来减小多酚类物质的毒性。

这和我们生活中常用的洗洁精中作用机制类似。

蚯蚓在多酚含量多的环境中，其肠道内的"蚯蚓破防御素"分泌量也会增多。这说明蚯蚓能利用"蚯蚓破防御素"来消除多酚类物质对肠道消化酶的影响，使蚯蚓能够在多落叶的土壤环境中**愉快地"吃土"**。

表面活性剂是指能使目标溶液表面张力显著下降的物质。它具有固定的亲水基团和亲油基团，在溶液的表面能定向排列。

蚯蚓消化后排出的粪便中含有丰富的氮、磷、钾等养分。

101

工业排放

大气中的CO_2库

厂房、汽车等

呼吸作用 呼吸作用 光合作用

动物摄食

分解者的分解作用

泥潭
煤
石油

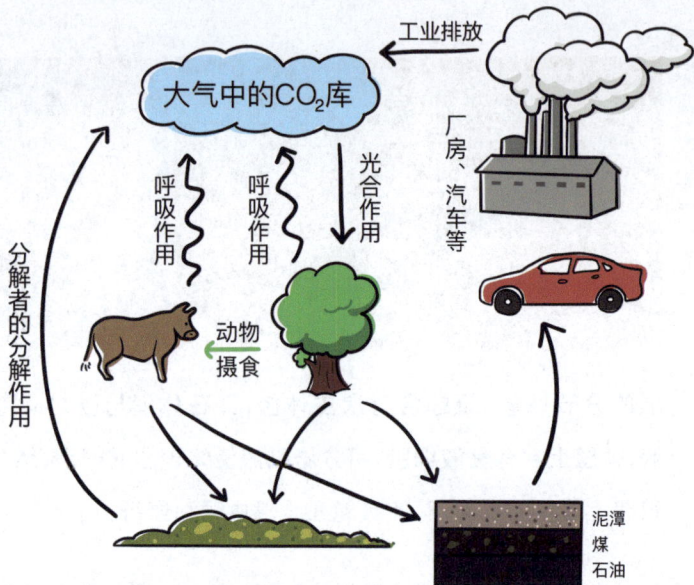

生态系统物质循环: 组成生物体的C、H、O、N、P、S等元素,都不断进行着从无机环境到生物群落,又从生物群落到无机环境的循环过程。蚯蚓所做的,就是将落叶中的物质"送回"到无机环境当中。

在陆地生态系统尤其是森林生态系统中,落叶是有机物进入土壤的一个重要来源。落叶的分解是养分回归土壤的关键,也是全球**生态系统物质循环**的重要环节。蚯蚓携带着"蚯蚓破防御素"这样的利器,在"吃土"的过程中分解掉进入土壤的落叶,替我们小心翼翼地维持生态系统的平衡,维持着这个绚丽多彩、生机盎然的新世界。

蚯蚓通过"吃土"能改善土壤结构,促进土壤中养分的循环。

知识点

环节动物

环节动物身体呈圆筒形,由许多彼此相似的体节组成,靠刚毛和疣(yóu)足辅助运动。

一滴水中有多少微生物？

■ 段玉佩

从池塘里取一些水来，用滴管吸一些，小心地滴一滴到载玻片上，再盖上盖玻片，然后将其放在显微镜下进行观察……你会看到在这一滴池塘水中，有很多奇妙又微小的生物在里面游动。这些只有在显微镜下才能够被我们观察到的生物，属于"微生物"。

> 微生物包括细菌、真菌、病毒等。它们大部分个体微小，与人类关系密切。

你一定认识那只长得像草鞋的微生物——大草履虫。

在微生物群体中，大草履虫可算得上是大块头了，体长300微米左右，是微生物群体中原生动物类的代表。

> 原生动物由单个细胞组成，细胞内的细胞器具有维持生命和延续后代所必需的功能。它们是最原始、最低等的生物。

显微镜下还能看到细菌。大肠杆菌作为细菌的代表，从头到尾的长度只有2微米。

草履虫广泛分布于淡水中。

草履虫的结构示意图

把体内多余的水分和废物收集起来,排到体外。

收集管

伸缩泡

纤毛

草履虫靠纤毛的摆动在水中旋转前进。

表膜

氧的摄入、二氧化碳的排出都通过表膜。

口沟

细菌和微小的浮游植物等食物由口沟进入体内。

细胞核 { 小核 大核

食物泡

不能消化的食物残渣,从胞肛排出。

胞肛

细胞质

食物泡随着细胞质流动,其中的食物逐渐被消化。

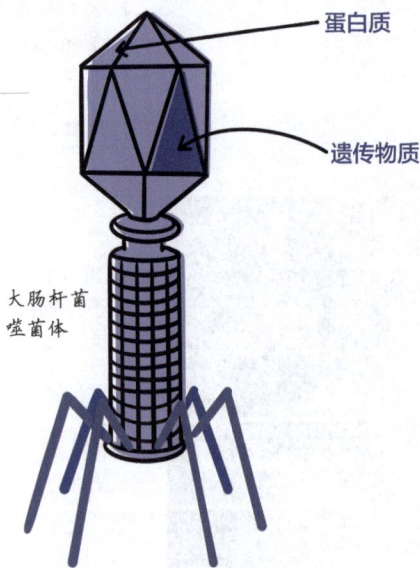

蛋白质

遗传物质

大肠杆菌噬菌体

池塘水里还有体型更小的类群——**病毒**。一般病毒的直径只有0.3微米左右,用那个刚才你用来看草履虫的光学显微镜是不可能看到病毒的。要想看清病毒的模样,必须使用放大倍数更高的电子显微镜。

病毒仅仅由核酸(DNA 或 RNA)和蛋白质外壳组成。它们利用宿主细胞中的能量和物质进行生命活动,离开宿主细胞则无法生存。大家熟知的新型冠状病毒就是 RNA 病毒的一种。

生物圈里的植物、动物和其他生物

一滴水里到底有多少微生物

将一滴水展平在载玻片上,直径大概是1厘米(相当于10 000微米)。想知道一滴水中有多少微生物,只需要做几道算术题,就能得到答案了。如果能够将微生物首尾相接,一字排开地码放在展平后的水滴直径上。

大草履虫能放33只;

大肠杆菌可以码5000个;

病毒的承载量至少是33 000个……

可是自然水域中的微生物世界并没有这么有秩序。它们不会一字排开,只待在水滴中央不动,而是会根据不同水体中的资源分布情况,趋利而生。所以,要问一滴水中有多少微生物,水体不同,微生物种类不一,答案就会不一样。

同一片海域,从不同深度取样,同种微生物的数量也会不同。2012年美国加州大学圣塔芭芭拉分校的海洋微生物学家发现,在百慕大海域,海洋表面的"噬菌体"病毒的数量达100万。而同样是取自海面之下的一滴海水中,"**噬菌体**"病毒的数量就骤减了。

微生物最丰富的集散地莫过于池塘了。一滴池塘水中,可能同时发现轮虫、绿藻、草履虫、细菌和病毒……而不同池塘取出的一滴水中,这些种类的微生物各自的数量也可能大不相同。

千万不要小看这些肉眼看不见的小家伙,在我国2006

> 噬菌体是专门寄生在细菌细胞内的细菌病毒,如前文中提到的大肠杆菌噬菌体就是其中一种。

年新制定的《生活饮用水卫生标准》中,新增了4项与微生物相关的指标,其中包含着对一种名叫"隐孢子虫"的检查。

在这之前,隐孢子虫一直被认为是威胁人类的重要病原体之一。隐孢子虫的虫体随着动物粪便排出体外,通过活卵囊在环境中传播。当卵囊进入水体或动物体内后,就会威胁到人类的健康。1993年美国威斯康星州的密尔沃基市暴发了由隐孢子虫引发的水传染病,共使40万人患病,100多人死亡。

记住! 在自然界中,并不是肉眼看起来清澈的水就是可以喝的,当心水中那些对你有害的小家伙们。

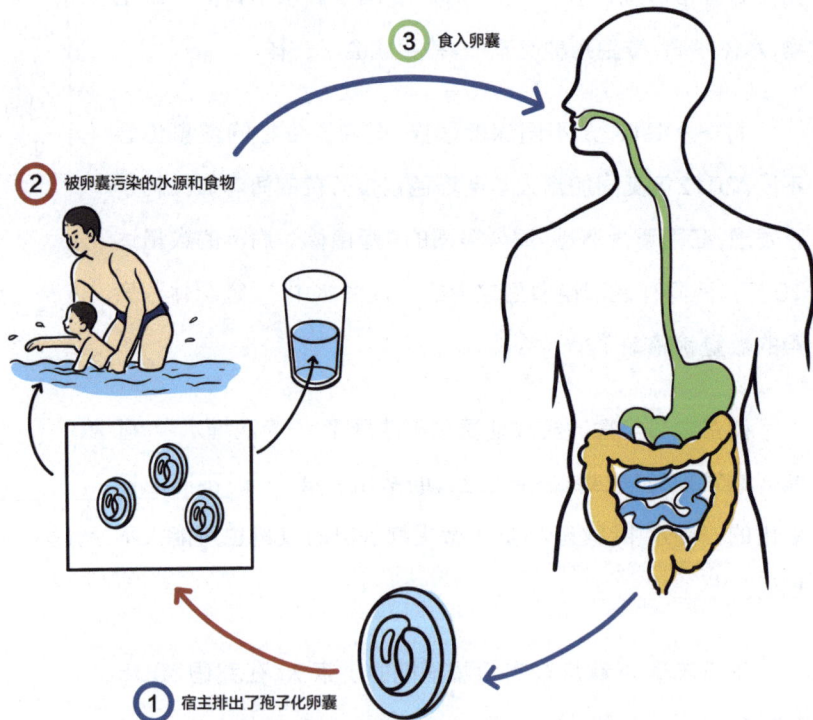

③ 食入卵囊

② 被卵囊污染的水源和食物

① 宿主排出了孢子化卵囊

还记得显微镜的构造和使用方法吗？显微镜由目镜、物镜、粗准焦螺旋、细准焦螺旋等部分组成。观察之前需要先进行对光。这些在生物课本中都会有详细介绍。

另外，现在在水体检测的过程中，仍然需要使用**显微镜**对微生物进行检测。那么，你知道谁是第一个用显微镜观察到微生物的人吗？是荷兰的商人兼科学家安东尼·列文虎克。他利用自己改造的显微镜首先观察并描述了单细胞生物、肌肉纤维、细菌、精子以及毛细血管中的血流状态等，人们称他为微生物学的开拓者。安东尼·列文虎克在一生中磨制了500多个镜片，并制造了400多种放大倍数不同的显微镜，下次进入实验室的时候，好好看一看你手中的显微镜，它们就是从安东尼·列文虎克时代流传下来并不断改造而成的，是打开微生物世界大门的金钥匙。

知识点

显微镜

罗伯特·胡克用显微镜观察软木薄片，从而发现了细胞。

海里那么黑，怎么找到嘴？

■ 林柏岸

生物发光是一种引人入胜的有趣现象，有些会发光的生物为人们所熟知，比如鼓励你好好学习的"囊萤映雪"里的萤火虫。相比之下，海洋中的不少鱼类虽然也具备发光本领，但是因为生活在浩瀚的海洋中，它们的发光行为难以被人们发现。

"发光鱼"的发光方式有不同的类型：一种是鱼类自身发光腺体分泌出荧光素，被荧光酶氧化形成能够发光的氧化荧光素，深海中的灯笼鱼就是利用这种方式发光的。

另一种则是依靠发光细菌来完成的。发光细菌以**互利共生**的形式生存在鱼类的发光器中，为其提供照明的光源。同时，鱼类会为发光细菌解决温饱和住房问题。菲律宾灯颊鲷的发光方式就属于这种类型。

> 互利共生是种间关系的一种，指两种生物生活在一起，对彼此有利，例如豆科植物和根瘤菌。

会发光的鱼。

与细菌共生的夜猫子

菲律宾灯颊鲷（diāo）是一种生活在中西太平洋温暖海域的群居性鱼类，有一对萌萌的大眼睛，这也是它所隶属的金眼鲷目鱼类的共同特点。菲律宾灯颊鲷的两只眼睛下缘各有一个标志性的黄豆状发光器，发光细菌们就住在发光器的管状结构中，内面具有一个反射层，能反射70%的光，让光更集中地往外发射，增强发光作用。

菲律宾灯颊鲷通过血管给发光细菌们补给营养物质，并可通过肌肉来控制发光的模式。当鱼长时间处于饥饿状态时，发光细菌会从发光器表面的小孔中溜走；当饥饿达到3周时，发光器的血管消失，发光器便会处于"休假"状态，不过，这并不会影响发光器的功能。

营养供给充足时，发光细菌便会重新活跃起来，当细菌达到一定浓度时，就会重新触发发光按钮。**发光可以帮助灯颊鲷进行群体间的相互交流，看清楚周围的环境和寻找食物。**

动物群体之间还经常用动作、气味、声音等方式进行交流。

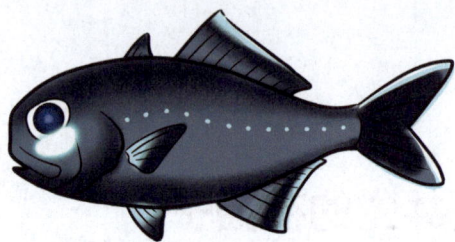

变换频率的"闪光灯"。

菲律宾灯颊鲷不仅身体黑，还特别喜欢黑暗的环境，是不折不扣的"夜猫子"。它们只在夜间才会出来活动，白天都躲在阴暗的洞穴或礁石里，主要栖息在近岸珊瑚礁海域至400米的深海。夜幕降临后，集群的灯颊鲷会在夜幕的掩护下游到远离礁石的上层水域，群体中绝大多数个体，会朝同一个方向齐刷刷地开灯发出波长约为500纳米的闪光灯模式的青蓝色光。

根据野外水下及人工饲养实验的观察，发现灯颊鲷在白天弱光条件下会变得呆呆的，并且会开启低频率的闪光模式，每分钟只有10下左右，关灯时长差不多是开灯时长的6倍。

在黑暗的环境下，灯颊鲷的警惕性会提高，游泳反应变快，因为在开阔水域"开灯"的危险系数比较高。鱼群还会频繁改变闪灯方向，这可以帮助灯颊鲷在夜间无隐蔽物的情况下，减少被捕食者发现的概率和寻找食物。

在夜间，一旦灯颊鲷发现食物，就会立刻开始降低闪灯的频率，延长开灯的时间，变为持续开灯模式（夜间开灯时间超过90%）。这样一来，灯颊鲷就可以更清楚地看清食物。

就这样,在发光细菌的紧密配合下,菲律宾灯颊鲷依靠"变换闪光灯"的独特生存策略在汪洋大海中生生不息,让漆黑一片的海洋夜色中多了一抹闪动的"星光"。

比较常见的几种种间关系。

种间关系	特点	事例
互利共生	共同生活,彼此有利。离开后彼此或一方不能生存。	白蚁与鞭毛虫
寄生	共同生活,对一方有利,对一方有害。离开后寄生生物不能生存。	人与蛔虫
竞争	生活环境相同。大多数情况下和平共处,形成各自的生态位。如果两个物种在时间和空间上完全重叠,会导致一种生存一种死亡。	牛与羊
捕食	一种生物以另一种生物为食。数量消长上呈现"跟随"现象。	猫与老鼠

知识点

有些细菌和真菌与动物或植物共同生活在一起,它们相互依赖,彼此有利,这种现象叫作共生。

你再放屁,我就打119了!

■ 周霖珺

"噗……"随着熟悉的、沉闷的声响,熙熙攘攘的电梯陷入了尴尬的沉默中,所有人的神态都变成了"是谁放屁?"

这种神奇的"社交催化剂"从何而来?一个显而易见的来源是与外界直接相通的口腔,也就是在你吃喝时咽下的气体。

> 这里的气体一般为二氧化碳。

为什么喝**碳酸饮料**之后,"屁量"却没有显著增加呢?

我们会打嗝,直接吞下或者喝下饮料冒的泡,大部分会在胃里积聚,然后被一波收缩的肌肉逆着消化道送往嘴边,"嗝儿"一下送出去了,只有少量漏网之气沿着肠子往下走完整个旅程。

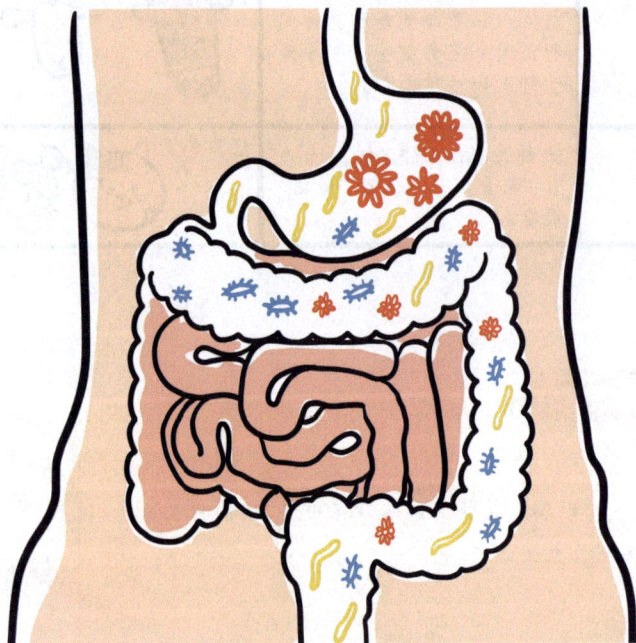

消化道菌群。

肠道菌群利用未消化完的食物发酵,产生气体。

屁从哪里来?

生成屁的主力"菌"在肠子里。74%的屁是在消化过程中,由**肠道菌群**分解食物产生的。消化不良的时候屁会变多,是因为吃太多,肠胃来不及处理,或者因为身体不好,消化能力不够,本该正常消化的食物,被交到了产气的肠道菌群手里,于是生成更多气体变成了屁。

吃了黄豆屁也会变多,是因为这类食物富含人类靠自己很难消化的**低聚糖**,就算肠胃功能正常,也对它无可奈何。但肠道里的一些细菌却可以分解低聚糖,大快朵颐的同时产生甲烷。吃的黄豆越多,生成的甲烷气体也就越多,屁自然就多了起来。

汽水里的二氧化碳和黄豆分解的甲烷都是无色无味的气体,可为什么屁是臭的呀? 因为除了氮气、氧气、氢气这些存在于大气中的无味成分,屁里还有1%左右的成分由氨气、硫化氢等有"味道"的气体构成,后者以臭鸡蛋气味闻名。氨气

低聚糖存在于人们食用的天然植物中,例如香蕉、大蒜、马铃薯等。

113

屁的成分

- 氧气
- 氮气
- 氢气
- 二氧化碳
- 甲烷
- 微量的其他化学物

1% 3% 7% 9% 21% 59%

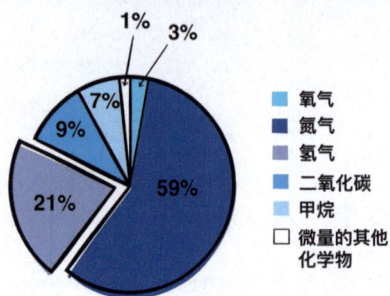

和硫化氢同样由肠道菌群出品,分解的东西是那些富含氮和硫元素的蛋白质。

屁能点着吗?

等等!!!甲烷和氢气不都是易燃气体吗?

你想的没错,**屁是可能被点燃的,但不是每个人的每个屁都可以。**人和人之间肠道菌群有差异,于是屁的质和量差别也很大,有的人消化道中产甲烷的细菌很少,不仅吃黄豆不怎么放屁,放出来也很可能点不着。而就算同一个人,在不同饮食和不同状态下,屁的可燃性差别也会很大,比如,吃完大餐的第二天早晨,丰富的材料在肠子里待了一天一夜,这个"厚积薄发"的屁就会非常可观。

可燃性气体需要达到一定浓度才能被点燃。

但有时身体会在不经意间偷偷给肠道减个压,也就是所谓的"闷屁",由于气体量小速度也低,通过肛门引起的振动就小,不仅听不到声音,可燃性也不是很好。千万不要尝试用屁去"喷火",在人体上,任何玩火的行为都不会有好下场。

让宇航局头疼的屁

当然,对"屁可能被点着"这件事最头疼的不是熊孩子的家长,而是宇航局。飞船和空间站是密闭空间,可燃气体在里面积聚可不是闹着玩的。在探索太空的早期,宇航局为了防止宇宙飞船毁在排泄物这种事情上,想过很多办法。比如,有意让短期飞行的宇航员便秘以减少排泄次数。为了安全,请回地球再蹲坑。

宇航员想放屁一般会忍着,忍不了就可能要去厕所解决——宇航员在太空中使用的"太空马桶"属于抽气马桶,能吸走排泄物。

还好现在的空间站已经自带厕所,但如何解决离地数百千米的天上屁,依旧是个待完善的问题,希望我们能一起推动技术进步,让宇航员的生活更方便。

知识点

我们的肠道里有多种多样和人体共生的细菌,大部分是正常菌群,对人体没有危害,其中有些细菌还能够制造维生素B_{12}和维生素K,对健康很有益。

噬菌体大战超级细菌

■ 吴兆韩

如今,细菌耐药性的问题已经引起人们的高度关注,各种"超级细菌"的出现似乎又要把我们推向一个"无药可救"的时代。

就在100年前,很轻微的感染就可能把一个成年人送入坟墓。还好亚历山大·弗莱明发现了青霉素——第一种被人类发现的**抗生素**,改变了这一切,进而提高了人类的平均寿命。于是,抗生素渐渐普及,它们种类繁多又廉价方便,因而被频繁地用在医药和畜牧领域。

> 抗生素用于治疗由细菌引起的特定感染,对病毒无效。

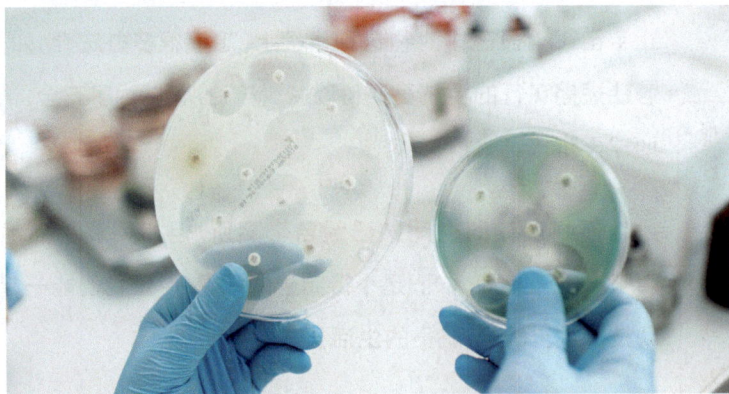

细菌的药敏实验。图中每个白色小圆片中包含一种类型的抗生素。

越来越难缠的细菌

然而,近些年,新的问题暴露出来——抗生素的滥用无形中促进了细菌的演化,人们逐渐发现,以前好用的抗生素,似乎越来越难与新产生的超级细菌相对抗。

由于新抗生素的研发和应用速度远远追不上耐药细菌增加

的步伐，人们不得不想出其他的办法来解决这个问题。其中一种办法就是利用噬菌体——这是一个天然的细菌杀手，来对抗超级细菌。

"天生杀手"噬菌体

噬菌体是一种只杀细菌的微小病毒。它的多面体头部中包含着噬菌体的遗传物质（通常是一段单链的DNA），头部紧连着一个带有多条蛋白纤维腿的长尾巴。地球上，噬菌体的数量要远远超过其他所有物种数量的总和，分布于世界上的任意一个角落。

噬菌体和细菌之间的战斗已经持续了数亿年。它们在我们肉眼不可见的微观世界中，每时每刻都上演着生死之争。

我们最熟悉的噬菌体是以大肠杆菌为寄主的T2噬菌体。

有些**噬菌体**，如肌尾噬菌体科（*Myoviridae*）噬菌体，看起来就像是一个精巧的机器人。

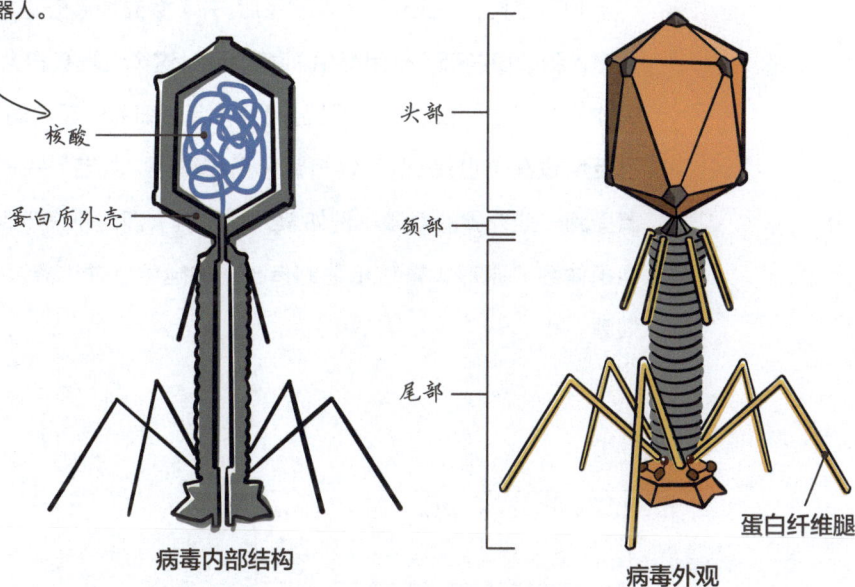

核酸

蛋白质外壳

头部

颈部

尾部

蛋白纤维腿

病毒内部结构

病毒外观

病毒的遗传
物质

细菌内
的物质

新病毒

当细菌内的资源消耗殆尽
后，噬菌体会指挥细菌产
生内溶素，从内部把细菌
家的围墙（细胞壁）开个
大口子，然后新生的噬菌
体们一涌而出，愉快地去
寻找新的猎物。

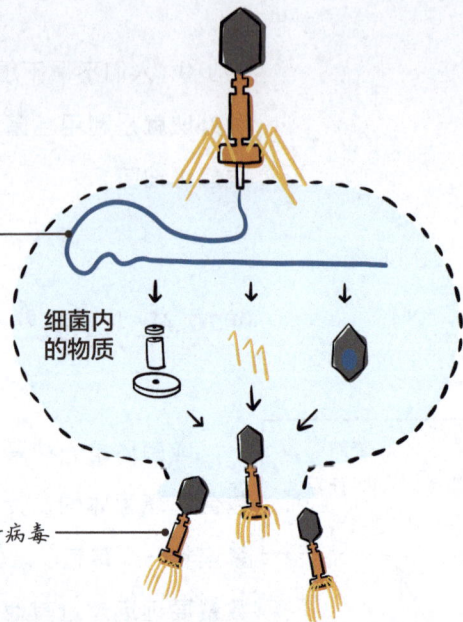

噬菌体很小，体积大约只有细菌的百分之一，但它们不仅"胃口大"，而且很"挑食"——通常一种噬菌体只对一种类型的细菌"情有独钟"。当噬菌体找到这个"专属猎物"时，它会将自己的遗传物质强行注射入细菌体内，把整个细菌变成自己后代的生产加工车间。

但有些时候，噬菌体侵入细菌后，并不会立即展开进攻，而是渗入到细菌内部（基因组中）潜伏起来，这个过程被称为"噬菌体的溶原性"。在这段时间里，噬菌体会与细菌一起"同甘"，甚至度过几个世代。但不要指望它们和细菌"共苦"——当细菌受到一些外界的刺激（例如紫外线照射），即将小命不保时，噬菌体会"原形毕露"，迅速制造出新的噬菌体并逃离濒死的细菌。

噬菌体会利用细菌的能量和物质进行生存和繁衍。

时敌时友的噬菌体

2014年，美国洛克菲勒大学的一个研究团队在《自然-生物技术》杂志上发表了一种经过人工改造后能把基因当作靶子的噬菌体杀菌剂。他们通过基因工程方法改造出特殊的噬菌体，它能够专门识别并杀死具有某个特定基因的细菌，可以做到"指哪儿打哪儿"，而不影响其他有益菌的功效。

看起来，噬菌体似乎可以成为人类对抗超级细菌的"好帮手"了。不过也别忙着下结论，另一项发表在《科学》上的新研究指出，噬菌体在杀菌过程中也可能参与细菌抗性基因的传播，从"人类帮手"变成"细菌帮凶"。

研究者们发现，在**金黄色葡萄球菌**（*Staphylococcus aureus*）中，有些正潜伏在细菌基因组中的噬菌体（溶原性噬菌体），在细菌体内复制自己并包装新噬菌体的过程中，会有一定概率把一些细菌基因组中的DNA包装进自己的基因组中。这些DNA中可能就有帮助细菌抵抗抗生素的"耐药基因"。

金黄色葡萄球菌在显微镜下排列成葡萄串状，是常见的引起食物中毒的致病菌。

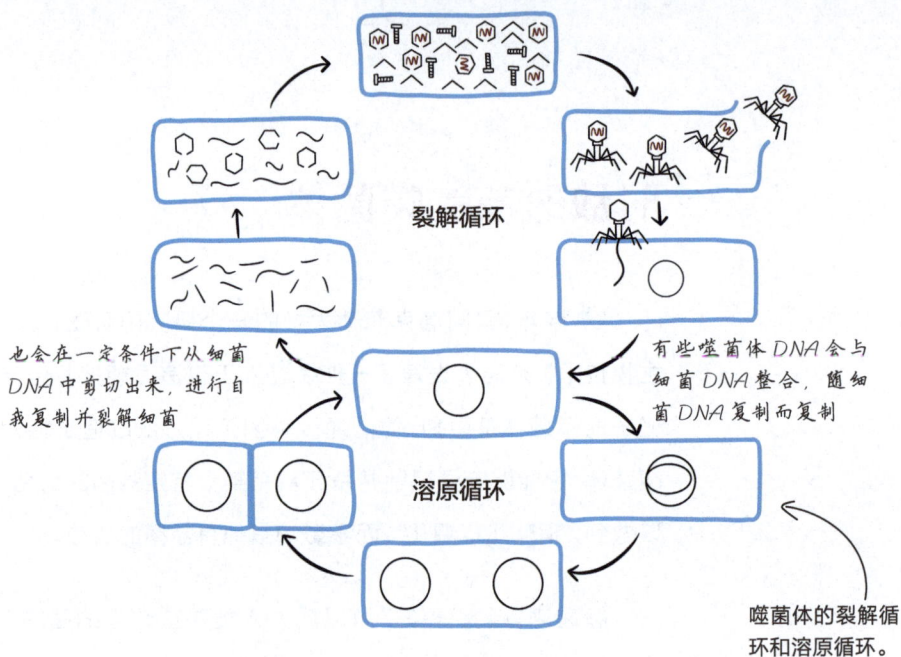

裂解循环

溶原循环

也会在一定条件下从细菌DNA中剪切出来，进行自我复制并裂解细菌

有些噬菌体DNA会与细菌DNA整合，随细菌DNA复制而复制

噬菌体的裂解循环和溶原循环。

这些耐药基因，会随着新形成的噬菌体"快递"给其他细菌。噬菌体在侵染并杀死细菌的同时，也扮演了帮助细菌进化、对抗抗生素的角色。看来，用噬菌体来剿灭超级细菌的计划，也需谨慎而为之了。

知识点

细菌不是凭空产生的，而是环境中已有的细菌繁殖的。

写入濒危物种保护法案的蜜蜂

■ 顾有容

"如果失去蜜蜂,人类只能再活四年。"

你多半听说过这句流传甚广的谣言。爱因斯坦并没有说过这句话,而且它也不符合事实。尽管人工养殖的欧洲蜜蜂(*Apies mellifera*)是最常见的传粉昆虫,但只有大约30%的食用农作物由它传粉,而且大多在温带地区。

在剩下70%的食用农作物中,粮食作物(比如玉米)主要是风媒和**自花授粉**(比如水稻),而其他农作物,尤其是热带的农作物则依赖野生的传粉昆虫。

自花传粉指一朵花雄蕊的花粉落到同一朵花雌蕊的柱头上。

携带着花粉"满载而归"的蜜蜂。

了不起的传粉担当

放眼整个自然生态系统，野生传粉昆虫的作用就更大了。**蜜蜂**的蜂群规模比较大，对大量集中开花、产蜜或产花粉多的植物有很强的偏好性，不待见花少、蜜少的植物。此外，蜜蜂的体型和口器形态也限制了它们能传粉的植物种类。

由于长期适应的结果，在北半球，熊蜂（*Bombus spp.*）能传粉的植物种类比蜜蜂多。比如说，熊蜂的"舌头"比较长，可以为乌头之类把花蜜藏得很深的花传粉。

此外，在高海拔和高纬度地区植被中，蜜蜂不宜生存，而熊蜂耐寒。**熊蜂**传粉具有相当高的生态价值，已知海拔最高（6700米）的虫媒传粉事件，主角就是熊蜂。

传粉昆虫种群的健康程度，是评价生态系统功能的一个重要指标。换言之，传粉昆虫种群的退缩会影响植被的自然更新，传粉昆虫的灭绝会让依赖它的植物失去繁殖机会。前些年热议的"蜂群崩溃综合征"让人们意识到了这种迫近的危机。不过，这个事件主要是造成农业上的损失，事件主角欧洲蜜蜂数量极多，并无灭绝风险。真正受到威胁的是熊蜂。

正在减少的野生熊蜂

如今,整个北半球的野生熊蜂种群都在减少,最主要的原因是栖息地被破坏和农药的滥用。前者在发达国家比较显著,因为农业集约化程度高,农田生物多样性水平很低;而且为了机械化生产,单一作物的栽培面积往往很大。如果地里种的是玉米或者小麦,熊蜂就找不到吃的。

后者在发展中国家和发达国家同样严重。20世纪90年代,对哺乳动物和鸟类无害的新烟碱类杀虫剂开始广泛应用,而这类杀虫剂对熊蜂是致命的。

根据世界自然保护联盟(IUCN)濒危物种红色名录的评估,生存受威胁的熊蜂一共有22种,其中易危(VU)9种,濒危(EN)8种,极危(CR)5种,接近全世界熊蜂物种数(约250种)的1/10。需要注意的是,这22种熊蜂中有4种来自欧洲,18种来自北美洲。

熊蜂的"舌头"比较长,可以为乌头之类把花蜜藏得很深的花传粉。

熊蜂是了不起的传粉担当。

已知的5种极危熊蜂都生活在北美洲，它们的命运和当地的土著十分相似：被殖民者带来的技术和疾病杀死。除了前述两种原因之外，名为熊蜂微孢子虫（*Nosema bombi*）的寄生真菌也是熊蜂蜂群减少的重要原因。这种真菌在雄性熊蜂的体内大量繁殖，导致受害者的身躯肿胀而无法与蜂后交配；只有受精卵才能发育成工蜂，而蜂后不交配就没有受精卵，这样整个蜂群都会被饿死。熊蜂微孢子虫和熊蜂共同存在已经有很长的历史了，关于它为何突然变得如此致命，科学家有一些猜测。

为了给番茄之类蜜蜂搞不定的作物授粉，人们在20多年前把商业化养殖的东方熊蜂（*Bombus impatiens*）引入了北美洲，这些熊蜂身上携带的**微孢子虫**和北美洲的不一样，有可能在北美洲的蜂群中造成严重的病害。北美熊蜂的衰退正好始于20年前，时间上的巧合也非常可疑。

微孢子虫不是虫子，而是一种真菌，它主要寄生在昆虫消化道的上皮细胞中。

把锈斑熊蜂列入保护法案

2017年，美国环境署把5种极危熊蜂之一的锈斑熊蜂（*Bombus affinis*）列入了《美国濒危物种保护法律对策》（*ESA, Endangered Species Act*）的名单，这是第一种被列入ESA的蜂类，意味着人们终于开始重视这类重要传粉昆虫面临的灭绝风险。

颁布ESA是世界上水平最高的物种保护行动之一,自1973年颁布以来,已经将2000多种北美的濒危物种列入名单实施保护。然而,迄今为止被ESA除名的物种只有56种,其中10种灭绝了,种群恢复到无须特别保护的只有28种。从ESA保护成功的比例上来看,濒危熊蜂的前景并不乐观。

　　过去10多年中,意识到北美熊蜂蜂群减少的人们也采取了一些保护措施,比如规范新烟碱类杀虫剂的使用、在田间和高速公路沿线的绿化带种植本土蜜源植物、鼓励社区建立保护传粉昆虫的花园等。对于微孢子虫,目前尚没有控制的方法,只能寄希望于熊蜂自己产生适应性的突变。

　　同为5种极危熊蜂之一的富兰克林熊蜂(*Bombus franklini*)很可能已经灭绝,留给锈斑熊蜂的时间已经不多了。

知识点

　　自然界中的动物和植物在长期生存与发展的过程中,形成了相互适应、相互依存的关系。动物能够帮助植物传粉,使这些植物顺利繁殖后代。

游泳可能会传染哪些病？

■ 赵轶国

夏天到了,去泳池游泳的人越来越多,许多人共用一波碧潭,泳池究竟干不干净,会不会引起疾病的传播? 又会传播哪些疾病呢?

肝炎、性传播疾病,一般不会通过游泳传染

让我们先从大家最担心的病毒开始说起。最常见的经体液传播的病毒是乙肝病毒、丙肝病毒和艾滋病病毒。

乙肝病毒(HBV)对环境的抵抗力非常强,一般的消毒方法,比如低温和医用酒精都杀不死它,但含氯的消毒剂及常见氧化剂可以破坏其传染性。泳池所用的水至少经过了两次以上的氯系消毒剂(主要是次氯酸盐)处理,也有的泳池是采用双氧水消毒,经过这样处理的池水通常已不必担心HBV病毒感染。另外,即使泳池内还有少量活性HBV,在大量水的稀释下,其经由泳者破损

游泳池里的水,会不会引起疾病的传播?

皮肤和黏膜是人体的第一道防线，可以阻挡大多数病原体的侵入。

的**皮肤和黏膜**进入体内的概率也非常低。再退一步说，即便有极其微量的HBV碰巧进入人体，也会被人体免疫系统消灭（打过疫苗的人就更不必担心了），因此，在泳池中感染HBV的可能性接近于0。

艾滋病病毒（HIV）和丙肝病毒（HCV）比HBV脆弱很多，在体外存活时间更短，且同样对上述消毒剂敏感，所以也无须担心游泳会感染HIV和HCV。

艾滋病主要的传播途径只有血液传播、母婴传播和性传播。

性传播疾病中较常见的是淋病、梅毒和生殖器疣（主要指尖锐湿疣等疣样病损）。

生殖器疣的病原是人乳头瘤病毒（HPV），主要经性行为、母婴和生活密切接触传播。在公共浴室或泳池共用毛巾、剃须刀等个人物品可能导致感染，但未见在泳池中经池水感染的报告。

淋病奈瑟菌和梅毒螺旋体对干燥、寒冷、热以及常见消毒剂均敏感，因此只要池水进行过必要的消毒处理，一般是不必担心经池水传播的，不过，如果卫生条件不合格，池水也有可能导致淋病或梅毒传播。

皮肤病、消化道疾病、眼病，有些会

尽管乙肝和常见性病都不会经消毒过的泳池传播，但某些皮肤病却会，所以正规的游泳馆都会明确规定，有皮肤病的患者不得进入泳池。

患有脚癣、体癣等真菌感染皮肤病的人在游泳时有可能将疾病传给他人；脓疱疮等细菌感染造成的皮肤脓痂也很容易在水中播散。疥螨、阴虱等寄生虫一般不会在池水中传播，但容易经共用物品传染。

消毒不合格的池水还会成为细菌和真菌的温床。游泳时难免呛进少许池水，初学者和儿童呛进的池水会更多。调查显示，未成年人游泳45分钟时呛进的池水体积大约为37毫升，成年人则在16毫升左右。儿童缺乏经验，再加上**咽鼓管**位置比成人更接近水平，呛进池水后细菌很容易经咽鼓管进入耳内，引起中耳炎。当池水中致病菌数目较多时，呛入池水还有可能引起胃肠道疾病，表现为腹泻等症状。

> 咽鼓管是中耳鼓室与鼻咽部相通继而和外界连通的通道，长约 35 毫米。

隐孢子虫和蓝氏贾第鞭毛虫是常见的胃肠道寄生虫，国外资料显示，在游泳池内感染这两种腹泻型寄生虫的概率大约分别为0.05%和0.01%以下，国内的泳池卫生与国外尚有差距，因此这两种疾病虽不多见，但也不能忽视。此外，在泳池中因"吞入"大肠杆菌、痢疾杆菌等细菌而引起的腹泻就更常见了。

在构造上介于细菌和病毒之间的微生物。

沙眼衣原体（能引起包涵体性结膜炎）在严格消毒的池水中可被杀死，但如果池水被污染，则有可能造成游泳者感染，引起结膜炎。

不过，公共泳池虽有传播各种传染性疾病的可能性，但我们也不必因噎废食，谨慎行动即能帮我们远离风险。关于如何最大限度确保游泳卫生，有以下几点建议。

1.选择信誉好，管理规范的游泳馆，其消毒措施比较严格，卫生情况相对有保障。

2.不要在人多的时候去游泳。游泳的人越少，潜在的传染源也就越少。

3.游泳时间不要过长，游泳结束后立即洗澡，可有效防止皮肤病的感染。

4.个人物品独立存放，任何时候都不要与他人共用；不用游泳场所提供的泳衣等贴身物件。

知识点

病毒

病毒只能寄生在活细胞内，靠自己的遗传信息，利用细胞内的物质制造出新的病毒。

哪种病毒最可怕?

■ 贝塔－鱼

在科幻电影里,我们常常会看到一些很厉害的病毒,具有超强的传播能力和致病能力,它不但能够迅速感染全世界的人,而且不会被人们研制出来的药物清除掉。在现实中,我们要面对的病毒也有类似的使命。哪种**病毒**的设计是最"成功"的呢?

病毒的结构简单,由蛋白质外壳和内部的遗传物质组成,没有细胞结构。病毒只能寄生在活细胞中,靠自己的遗传物质中的遗传信息,利用细胞内的物质,制造出新的病毒,这是它的繁殖方式。

SARS病毒的传播和感染。

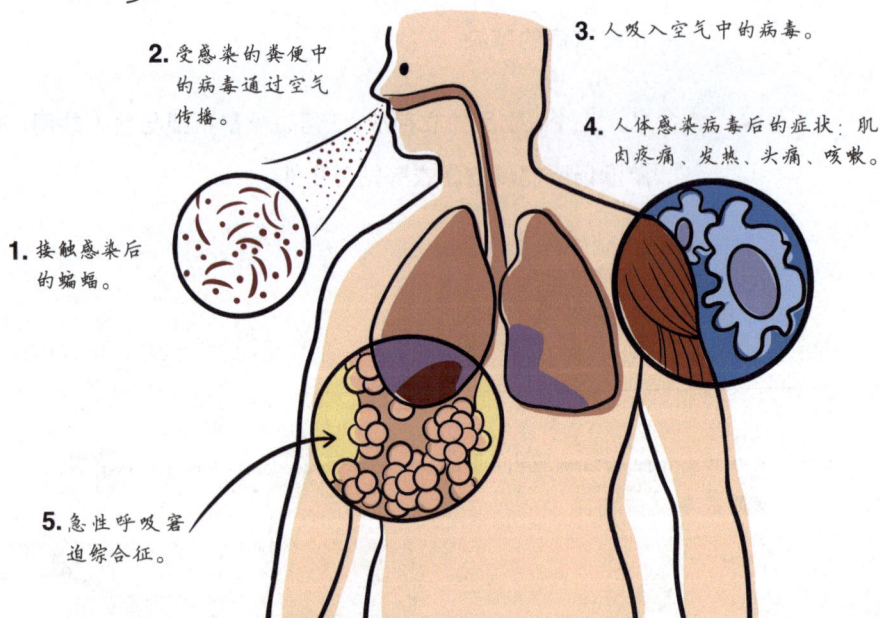

2. 受感染的粪便中的病毒通过空气传播。

3. 人吸入空气中的病毒。

4. 人体感染病毒后的症状:肌肉疼痛、发热、头痛、咳嗽。

1. 接触感染后的蝙蝠。

5. 急性呼吸窘迫综合征。

人若疑似被患狂犬病的动物传染了狂犬病病毒，需要采取的预防措施有迅速清洗伤口，接种最新型的狂犬病疫苗（CCVs），如果被抓伤或咬伤后，伤口有明显的出血，应同时给予狂犬病免疫球蛋白（RIG）。若被猫、狗等动物咬伤又不能确定该动物是否健康，应去医院处理伤口并注射狂犬疫苗。

什么是致死率最高的病毒？

有一种病毒几乎可以100%杀死宿主，这就是狂犬病病毒，这种病毒一般通过咬伤传播。**如果人被感染了狂犬病病毒的狗咬伤或抓伤，很容易受到感染**。狂犬病病毒能够攻击人的中枢神经系统，使病人的认知能力出现障碍，意识出现混乱，并表现出疯狂和攻击倾向，一旦出现这种症状，病人的生命就很容易受到威胁。

除南极洲以外，其他各洲都存在狂犬病，但95%以上的人类死亡病例发生在亚洲和非洲。

全球每年有超过5.5万人死于狂犬病，多数发生在亚洲和非洲，人类感染狂犬病病毒病例绝大多数是由犬类引起的，在所有感染者中，约有40%是15岁以下的儿童，因为小孩子被狗咬伤的风险更高。全球每年约有1500多万人在被犬类咬伤后接受狂犬病疫苗预防接种，这一措施每年可以挽救数十万条生命，也就是说，在没有疫苗接种的情况下，地球上每年因为狂犬病死亡的人数应该在数十万。

这并不是一个小数字，不过相比狂犬病病毒100%的致死率，这样的结果并不算很糟。要知道，地球上每年有2亿人患上疟疾，有超过60万人会因此而死亡；轮状病毒每年会导致超过50万名儿童死亡；在HIV被发现的30多年里，有3600万人因艾滋病而死亡，而这几种病原体的致死率要远远低于狂犬病病毒。

如果受染动物的唾液直接接触人体黏膜或皮肤破损处，也可能会传染。

狂犬病病毒因为100%的致死率，当之无愧地坐上了"天下第一杀手"的宝座，不过，人们似乎并没有把它视为重要的威胁，原因显而易见，**通过咬伤传播的方式**决定了狂犬病病毒的传播力不会很高，所以即便没有疫苗的保护，狂犬病病毒也难以在人群中肆虐。

什么是传播率最高的病毒？

有人认为，SARS冠状病毒是人类出现以来所遇到的最为凶猛的病毒之一，原因在于它兼顾高传染力和高致死率，那么它的病死率有多高呢？据估计在10%左右，约为狂犬病病毒的1/10。在具有几乎和H1N1相当的传播能力的情况下，即使病毒的致死率仅为10%，那也是一个极为可怕的事情，如果按照2009年H1N1感染全球6000万人口来计算，10%将是600万人口。

1997年，我国香港首次发现人感染H5N1禽流感病例，这是首次在人类体内发现原本只能感染禽类的流感病毒。在紧急隔离筛查病人和处死上百万只鸡后，疫情很快被控制。这种禽流感病毒的致病力很强，人们那么担心禽流感病毒暴发也是因为它具有较高的致病力。然而，更为人们所担心的是禽流感病毒通过突变,获得通过空气直接在人与人之间传播的能力。

流感病毒可以分为甲型、乙型和丙型3种,其中甲型流感病毒对人类的威胁最大。甲型流感病毒编号,比如H1N1里的H和N,分别代表表面的血凝素(HA)和神经氨酸酶(NA),它们分为不同的亚型,现在已经至少发现了18种HA亚型(H1~H18)和11种NA亚型(N1~N11),我们平时见到的H1N1、H5N1和H7N9等就是用这种方式来区分的。

这些甲型流感病毒中,以H1、H2、H3开头的往往被称为人流感病毒,因为这些流感病毒已经很好地适应了人类呼吸道黏膜的细胞,对于人类细胞的感染能力很强,能够通过空气

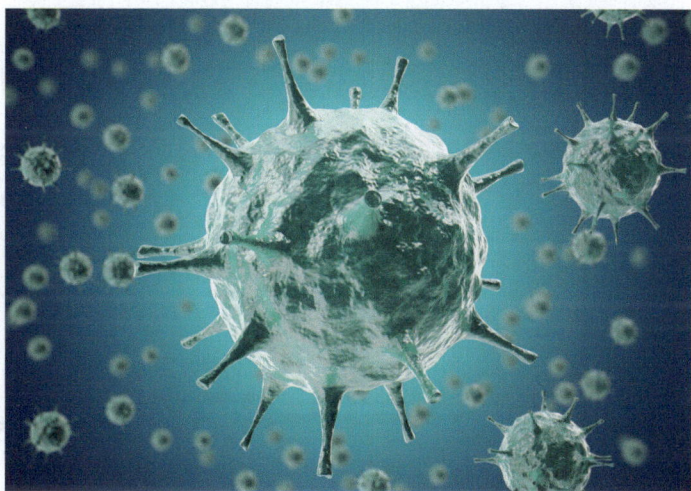

H1N1流感病毒。

直接在人和人之间传播，所以这些流感病毒很容易造成全球大流行。

而以H4~H17开头的流感病毒，一般被称为**禽流感病毒**，这样称呼是因为这些流感病毒主要感染禽类的细胞，而较少感染人类的细胞。不过，由于大规模集中养殖禽类等原因，有一些禽流感病毒已经接触到并适应人类的细胞，通过与人流感病毒发生基因重组而获得感染人类细胞的能力。科学家最为担心的是，拥有20%~60%致死率的病毒，一旦获得通过空气传播的能力，后果不堪设想。

禽流感病毒会引起禽类急性传染病。主要发生于鸡、鸭、鹅、鸽等禽类中，引起从呼吸系统异常到严重的全身败血症等多种症状。

随着人类社会的发展、人类生活方式的改变以及人类生活对于环境的破坏，越来越多的新型病毒有机会从野生动物身上传播到人类身上，这些病毒在首次接触到新宿主时，往往具有较强的致病力，SARS就是一个警示。同时，病毒也是在不断演化的，随着病毒和新的宿主不断地共同进化，对于人类

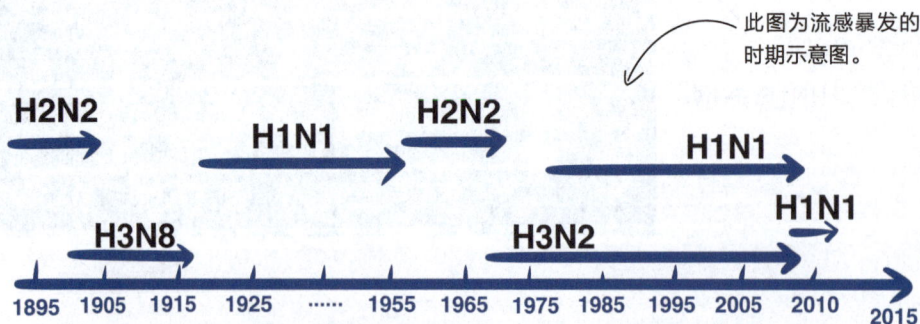

此图为流感暴发的时期示意图。

H2N2　H1N1　H2N2　H1N1　H1N1　H3N8　H3N2

1895 1905 1915 1925 …… 1955 1965 1975 1985 1995 2005 2010 2015

而言的新型病毒,也可能会越来越适应人类细胞的环境,从而增强对人类的感染力。

不过,通常来说病毒的传播力和致病力会相互制约,比如传播力强的病毒致病力往往比较弱,而致病力强的病毒传播力往往比较弱,这是因为两者都强或者两者都弱的病毒在演化上不具有优势。真正致命的病毒应该在传播力和致病力之间找到最佳的平衡。所以,人类想要遇到一个同时具有H1N1传播力和狂犬病病毒致病力的超级病毒也不是一件很容易的事情。

知识点

预防传染病一共有3种方法:控制传染源、切断传播途径、保护易感人群。

灵魂拷问：你的生态瓶几天臭的？

■ 吴昌宇

　　无论是小学、初中，还是高中的课本里，都会提到一个实验——制作生态瓶。在大多数学校，这个实验是可做可不做的，很少有学校会占用宝贵的实验课时间，通常是被老师布置下去作为家庭作业，让学生回家自己去做。

　　为什么呢？因为这个生态瓶真做出来的话，失败率其实非常高。

生态瓶。

一般来说，生态瓶一开始都做得挺漂亮的——干净的底砂、摇曳的水草、活泼的鱼虾。可是往往过不了多久，状况就开始不对，有的开始**暴发绿藻**，有的水草被啃个精光，还有的鱼死虾亡。如果瓶子没有密封，死去的动植物还会被细菌分解，成为一瓶混浊的臭水。

> 生物死之后，微生物分解它们的残体时，会消耗水中的氧气藻类大量增殖时，死后水中的氧气会被过度消耗，容易导致动物缺氧而死。

所以真要是每个学生都做一个生态瓶在窗台上摆成一排，那不久之后教室就会惨不忍睹。真能坚持几个月的生态瓶十分少见。

那么，生态瓶为啥这么难做呢？是我们做法不对吗？并不是。真正的原因，是课本把生态瓶的制作描述得太过简略，由于受到教学内容难度限制，很多要点都没能说清楚。

生态瓶里都有啥

> 分解者能将动植物残体中的有机物分解为能被生产者利用的无机物。

我们先来复习一下课本上的知识。所谓生态瓶，实际上就是模拟一个封闭的生态系统，瓶子里要有生态系统的4个组成成分：生产者、消费者、**分解者**和非生物成分。其中，生产者主要是绿色植物和一些藻类，它们通过光合作用固定能量、制造有机物，消费者和分解者需要依靠这些有机物中的能量生存。

生态系统的能量流动有单向流动和逐级递减两个特点。

生态系统中的生产者与消费者之间,通过吃与被吃的关系联系到一起,这就是食物链和食物网。由于每个生物都要把获取的能量中的大部分用于自己的生长繁殖,所以**能量沿食物链传递的效率很低**,一般为10%~20%,看上去很低,其实这已经算是高的了,一般出现在水域生态系统里。而在陆地生态系统中,能量传递效率

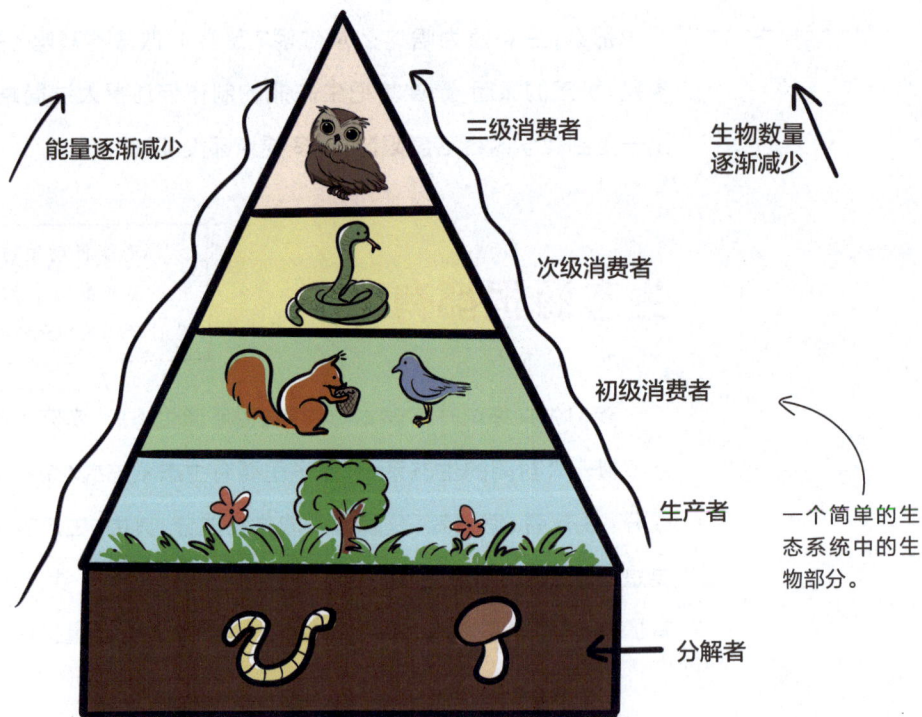

能量逐渐减少

生物数量逐渐减少

三级消费者

次级消费者

初级消费者

生产者

一个简单的生态系统中的生物部分。

分解者

往往更低。

由于生态系统里的能量耗散了就不会再回来,所以一个封闭生态系统想要保持稳定,最重要的一点就是保持能量的平衡,动物摄入的总能量得远远小于植物固定的总能量。

用现实生活打个简单的比方,植物就好比工作赚钱的父母,动物就像学龄的孩子。这个家庭想要稳定,最基本的条件就是孩子的必要支出要小于父母的总收入,不能入不敷出。

大多数生态瓶崩坏的原因就是动物没选好,瓶子里养了个"吞金神兽"。

比如说,我见过有学生在一个1升的瓶里放了几根水草、

与平时我们养金鱼用的水缸等开放式体系(需要换水、投食)不同,生态瓶作为封闭体系,除了阳光,没有任何输入,如果其中的动物吃太多,超过生产者固定的能量,系统就会崩盘。

一条金鱼。且不说金鱼爱不爱吃水草的问题，就算真吃，水草每天的生长量也完全不够它吃的。最后眼看着金鱼日渐消瘦，活了一个多月就饿死了。

怎么选动植物

所以说，**要想生态瓶里不发生饥荒，就要选好合适的定居者**。生产者要选那些生长快或者繁殖快的植物，比如黑藻、伊乐藻。

孔雀鱼。

至于动物，首先，我们先把范围限定在肉眼看得见的种类里。那些太微小的动物虽然从生态学角度比较合适，但是死是活你都看不出来。所以我们要找个头小、饭量小、长得慢的水生动物，比如一些小型植食性或者杂食性鱼类，孔雀鱼那么大的有一两条就差不多了。虾也可以，但是它的缺点是容易死亡，不太好养。螺虽然好养也符合要求，不过很容易生出一堆小螺。

以容量为2升的瓶或者缸为例，大概需要5~6根长度为20厘米左右的黑藻和一两条鱼。具体比例还得慢慢摸索调整。

生态平衡的特点：
生产者、消费者、分解者的种类和数量保持相对稳定；
具有较稳定的食物链和食物网；
物质和能量的输入和输出保持相对平衡；
生态系统具有一定的自我调节能力。

一般来说,许多微生物是生态系统中的分解者,是生态系统中不可缺少的一部分。

成功的生态瓶,很难

　　选好了植物和动物,生态瓶就可以说是成功了一半,还有一半其实是最难把握的,那就是肉眼看不见的**微生物**。在地球上,无论是哪个生态系统,微生物都是非常重要的一环,其中有些能够制造有机物,有些能够分解其他生物的残骸。

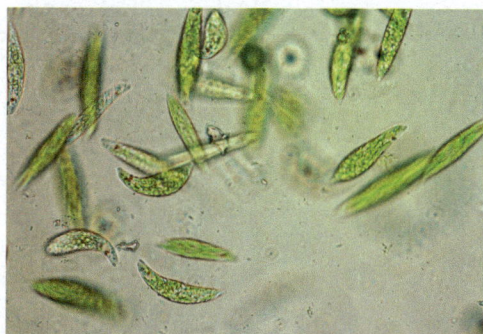

显微镜下可以看到水中的眼虫。

　　一个生态瓶中如果微生物的类群不对,同样会迅速崩溃。

　　我曾经观察过初中学生做的两个生态瓶,都是用玻璃罐头瓶做的,鱼都饿死了,其中一个盖子打开,另一个依然保持密封状态。这样一来,两个瓶最主要的区别就是细菌等微生物数量不同。开盖的那瓶由于有空气中的细菌进入,迅速腐臭浑浊;而密封的那瓶,过了半年多,依然水清草绿,只是死鱼变成了瓶底细腻的泥。

在有些课本里，让学生去找自然水域的水和水底淤泥。这是不合理的，会让生态瓶的可控性大幅降低，因为不同自然环境里的微生物种类、数量相差很大。比较可行的方法是使用水族箱用的底砂或石子，再加上静置过夜后的干净自来水。

不过，即便是这些要点都注意到了，也只是能够提高生态瓶的成功率，并不能保证一定成功。这是因为生态系统是个非常复杂的体系，可以说牵一发而动全身，几十年前，耗费巨大人力和物力建造的**生物圈二号**，最后都以失败而告终，在家里简单模拟出来的小生态系统，会崩溃也是很正常的。

生物圈二号失败的部分原因就是物种多样性单一，缺乏足够的分解者。

所以我认为，课本介绍生态瓶这个实验的意义，并不是帮助人理解那些考试要考的生态学原理，而是要让学生明白：小小的一个生态瓶你都养不长久，身边的复杂生态系统，一旦被破坏了就更加难以恢复了。如果不保护好环境，人类就会像瓶里的鱼一样走向灭亡。

生物圈二号外部。

辨别毒蘑菇，妙招不可信

■ 顾有容

　　每年夏季，都有不少吃蘑菇中毒的报道。

　　相关数据显示，2010年全国食用有毒动植物和毒蘑菇死亡人数共112人，约占全部食物中毒死亡人数（184人）的61%，112人中半数以上是误食毒蘑菇致死。对中毒患者的调查表明，他们中的多数并不是不知道毒蘑菇的存在，而是在采食蘑菇时受到了一些辨别方法的误导。

　　全世界约有14 000种大型**真菌**，形态和成分都具有很高的多样性，辨别它们是否有毒需要专业知识，并非简单方法和特定经验所能胜任。因此对于不认识的野生菌，唯一安全的办法是绝对不要采食。

> 真菌和动植物都属于真核生物，真菌中的霉菌和蘑菇等可以通过产生大量的孢子来繁殖后代。

"毁灭天使"白毒伞。

"我有毒，别吃我"的
毒蝇鹅膏菌。

美貌且安全的橙盖
鹅膏菌。

鲜艳蘑菇都有毒？

　　鲜艳的**蘑菇**有毒，大概是关于蘑菇鉴定流传最广、影响力最大、杀伤力最强的谣言。为了粉碎这条谣言，我们让大名鼎鼎的"毁灭天使"白毒伞（*Amanita verna*）现身说法。

　　白毒伞属于伞菌目、鹅膏菌科、鹅膏菌属，是世界上毒性最强的大型真菌之一，在欧美国家以"毁灭天使"闻名，也是近年来国内多起毒蘑菇致死事件的元凶。白毒伞具有光滑挺拔的外形和纯洁朴素的颜色，还有微微的清香，符合传说中无毒蘑菇的形象，很容易被误食。它以极高的中毒死亡率（高达50%~90%）残酷地嘲讽着上述谣言的"信众"，因此白毒伞还有个别名，叫作愚人菇。

　　蘑菇的菌体是由菌丝构成的，地下部分是纤细的菌丝，能够吸收外界的水分和有机物；地上部分叫子实体，由菌柄和伞状的菌盖构成。

经常被用来为"鲜艳的蘑菇有毒"这一印象做注解的，是与白毒伞同属的毒蝇鹅膏菌（*Amanita muscaria*）。鲜红色菌盖点缀着白色鳞片构成了"我有毒，别吃我"的形象。然而，也有一些可食蘑菇种类是美貌且安全的。例如，同样来自鹅膏菌属的橙盖鹅膏菌（*Amanita caesarea*），具有橙黄色的菌盖和菌柄，未完全张开时包裹在白色的菌托里很萌，有"鸡蛋菌"的别称，是夏天游历川藏地区不可不尝的美味。另外例如鸡油菌（*Cantharellus cibarius*）、双色牛肝菌（*Boletus bicolor*）等，都是颜色鲜艳的食用菌。

毒蘑菇长在肮脏地带？

也有人说，可食用的无毒蘑菇多生长在清洁的草地或松树、栎树上，有毒蘑菇往往生长在阴暗、潮湿的肮脏地带。

事实上，所有的蘑菇都不含叶绿素，无法进行光合作用自养，只能寄生、腐生或与高等植物共生，同时要求比较高的环境湿度，因此它们都倾向于生长在"阴暗潮湿"的地方。俗话说"潮得都要长蘑菇了"，就是这个道理。至于环境的"清洁"和"肮脏"，并没有具体的划分标准，更与生长其中的蘑菇的毒性无关。野生食用菌鸡腿菇（毛头鬼伞，*Coprinus comatus*）经常生长在粪便上，栽培时也常用牛马粪便作为培养基；而包括白毒伞在内的很多毒蘑菇却生长在相对清洁的林中地上。

在自然界的物质循环中，细菌和真菌能够把动植物遗体分解成二氧化碳、水和无机盐，这些物质又能被植物吸收和利用，进而制造有机物。

蘑菇生长环境中的高等植物，尤其是与很多种蘑菇共生的松树和栎树（泛指壳斗科植物），也不能作为蘑菇无毒的判断依据。例如近年来在广州多次致人死亡的致命白毒伞（*Amanita exitialis*）就是和一种栎树（黧蒴锥，*Castanopsis fissa*）共生的，而其他的"毁灭天使"们通常也生长在栎树林、松林或由二者构成的混交林中。另有报道称，附生在有毒植物上的无毒蘑菇种类也可能沾染毒性。

毒蘑菇形态很特别？

这几年，关于毒蘑菇的谣言也在不断翻新。比如，有种说法是毒蘑菇往往有鳞片、黏液，菌杆上有菌托和菌环。这里提及了蘑菇形态特征的术语，谣言貌似具备了一点"可靠性"。

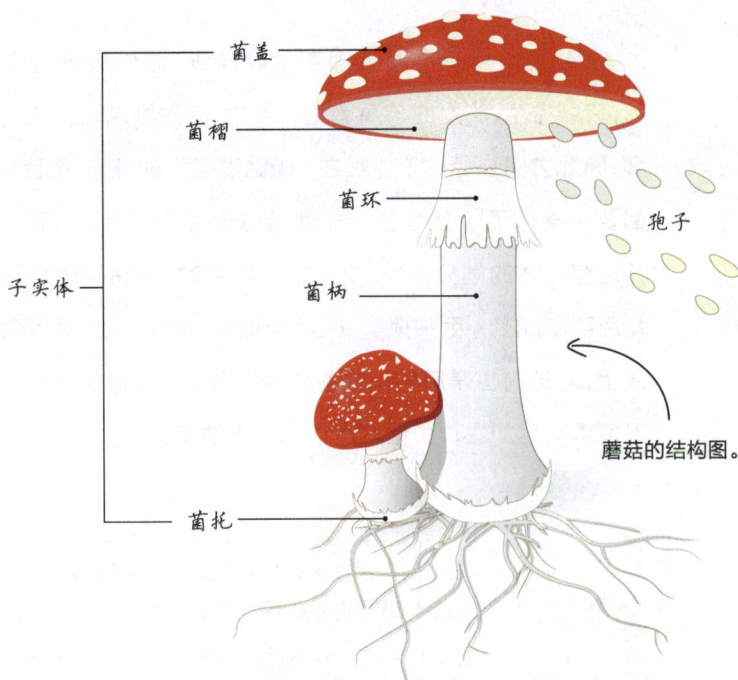

菌盖

菌褶

菌环

孢子

子实体

菌柄

蘑菇的结构图。

菌托

同时生有菌托和菌环、菌盖上往往有鳞片，是鹅膏菌属的识别特征，而鹅膏菌属是伞菌中有毒种类最为集中的类群。也就是说，按照"有菌托、菌环和鳞片的蘑菇有毒"的鉴别标准，可以避开包括白毒伞和毒蝇鹅膏菌在内的一大波毒蘑菇。但是，这条标准的适用范围非常狭窄，不能外推到形态高度多样化的整个蘑菇世界，更不能引申为"没有这些特征的蘑菇就是无毒的"。很多毒蘑菇并没有独特的形态特征，如亚稀褶黑菇（*Russula subnigricans*，红菇科）没有菌托、菌环和鳞片，颜色也很朴素，误食会导致溶血，严重时可能会因器官衰竭致死。另一方面，这条标准让很多可食蘑菇"躺着也中枪"。例如，常见食用菌中大球盖菇（*Stropharia rugosoannulata*）有菌环、草菇（*Volvariella volvacea*）有菌托、香菇（*Lentinus edodes*）有毛和鳞片。

长着菌环的
大球盖菇。

毒蘑菇虫蚁不食?

毒蘑菇虫蚁不食,有虫子取食痕迹的蘑菇是无毒的?人和昆虫的生理特征差别很大,同一种蘑菇很可能是"彼之砒霜,我之蜜糖"。曾有科学家做过用黑腹果蝇在175种野生蘑菇中筛选潜在的生物农药来源的研究,结果表明其中大多数对果蝇致命的蘑菇对人是无毒的。该研究中对果蝇毒性排名第二的是一种人类可食的蘑菇——红绒盖牛肝菌(*Boletus chrysenteron*,牛肝菌科)。同时,很多对人有毒的蘑菇却是其他动物的美食,比如豹斑鹅膏(*Amanita pantherina*)经常被蛞蝓取食。"毁灭天使"白毒伞家族中的致命白毒伞(*Amanita exitialis*)也有被虫啮食的记录。

对果蝇有毒,但人类可食用的红绒盖牛肝菌。

蛞蝓会食用对人有毒的豹斑鹅膏。

毒蘑菇经烹饪会去毒吗?

毒蘑菇与银器、大蒜、大米或灯心草同煮可致后者变色,毒蘑菇经高温烹煮或与大蒜同煮后可去毒,这些是有关毒蘑菇的流言中最荒诞不经的部分,始作俑者的想象力令人敬佩。2007

年,广州发生的一起误食致命白毒伞事件中,受害人就曾经用上述方法验毒。

银针验毒广为流传,原理是银与硫或硫化物发生反应会生成黑色的硫化银。古法提炼的砒霜纯度不高,常伴有少量硫和硫化物,用银器有可能验出。但所有毒蘑菇都不含硫或硫化物,不会令银器变黑。至于毒蘑菇致大米、大蒜或灯心草变色的说法则完全出自臆想,没有任何证据表明这种现象确实存在。而高温烹煮或与大蒜同煮可以解毒的说法危害更甚,人们可能对解毒效果抱有信心而吃下自己无法判断的蘑菇,从而增加了中毒风险。

不同种类的毒蘑菇所含的毒素具有不同的热稳定性。以白毒伞为例,它的毒性成分是毒伞肽,包括至少8种结构类似、骨架为8个**氨基酸**构成的环状肽。毒伞肽的稳定性很强,煮沸、晒干都不能破坏这类毒素,人体也不能将其降解。其中毒性最强的α−毒伞肽口服半致死剂量(LD50)是每千克体重0.1毫克,意味着吃下一两朵白毒伞就足以夺去一个成年人的生命,而且一旦入口就没有任何解药。大蒜里的活性物质有一定的杀菌作用,但对毒蘑菇完全无能为力。

> 构成蛋白质的小分子。

知识点

包括蘑菇在内的大多数真菌是生态系统中的分解者。如果没有分解者,动植物的遗体会堆积如山。

它是光合作用的真相吗?

■ 刘旸

地球表面绝大部分能量来自太阳能。如果没有植物,这些太阳能只会给我们带来热量,而正是因为有了植物,太阳能才能被捕捉变成化学能,供养了地球上的亿万生命。这个捕捉太阳能的过程,就是**光合作用**。

> 光合作用是绿色植物利用水和二氧化碳合成有机物、释放氧气的过程。

地球上已知有23 000多种苔藓植物,12 000多种蕨类植物,700多种裸子植物,以及超过30万种被子植物,再算上没有被发现的,加在一起大概有30万~60万种。这么多的种类中,除了少数在后来演化的过程中丢掉了光合作用的能力,绝大多数植物可以进行光合作用。

> 原核生物是一些由没有真正的细胞核的细胞组成的单细胞或多细胞的生物。

神奇的地方在于,这么多植物的光合作用能力,实际上都来自**原核生物**蓝藻,只不过是不同状态的蓝藻。

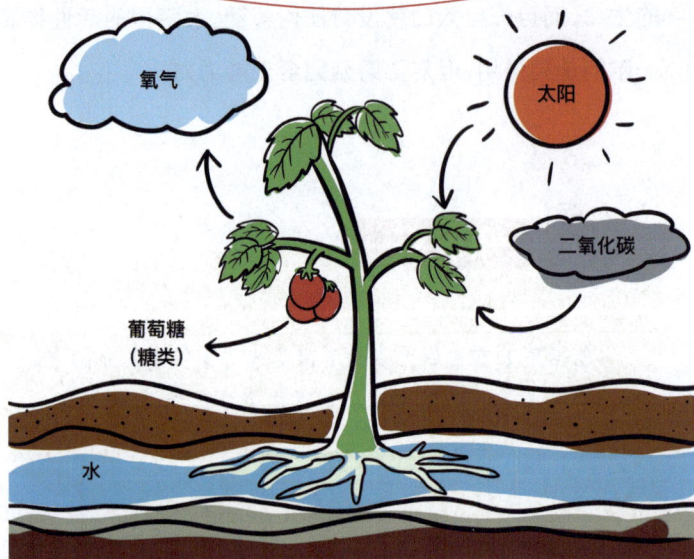

太阳持续不断地向地球提供能量,植物就利用光能把二氧化碳和水转化成有机物。

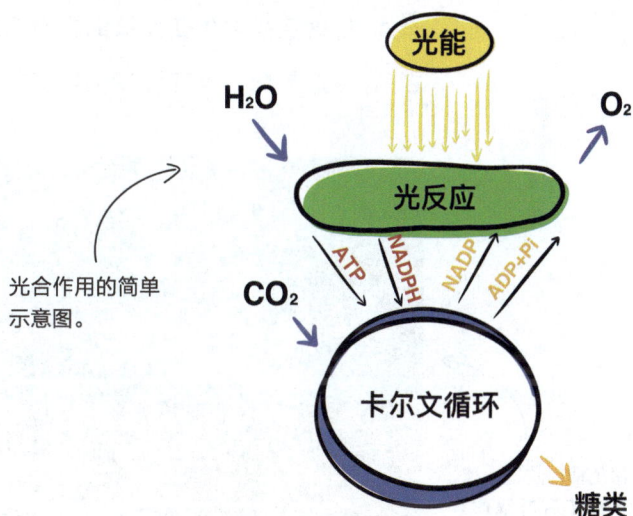

光合作用的简单示意图。

图中标注：光能；H_2O；O_2；光反应；ATP；NADPH；NADP；ADP+Pi；CO_2；卡尔文循环；糖类

什么是内共生学说？

你可能已经知道了植物光合作用依赖的是细胞里面的**叶绿体**。但是，这和蓝藻有什么关系呢？实际上在100多年前，大家也普遍觉得没有什么关系。

1905年，俄罗斯植物学家康斯坦丁·梅列施柯夫斯基第一个提出了内共生学说。他的这个学说并非完全出自自己的臆想，原来，早在1883年，另一位科学家就记录了叶绿体的分裂。它和现存的蓝藻特别像，都是从中间缢缩，然后分裂开的。这里要说明，蓝藻虽然名叫藻，但可不是我们日常看到的那种漂在水里的藻类，而是一种单细胞的原核生物，叫作"蓝细菌"更合适。

在后来的100多年里，随着电子显微镜的发明、分子生物学和基因组学的发展，这个理论积累了越来越多的证据，逐渐被完善，成为了主流学说。

叶绿体中的色素能够吸收光能。叶绿体可将光能转化成化学能，并将化学能存储在它所制造的糖类等有机物中。

目前科学家还不能精确定位内共生这个重要事件发生的时间，但肯定是发生在真核细胞出现之后，和红藻、绿藻分化之前，也就是18亿年前到12亿年前之间……

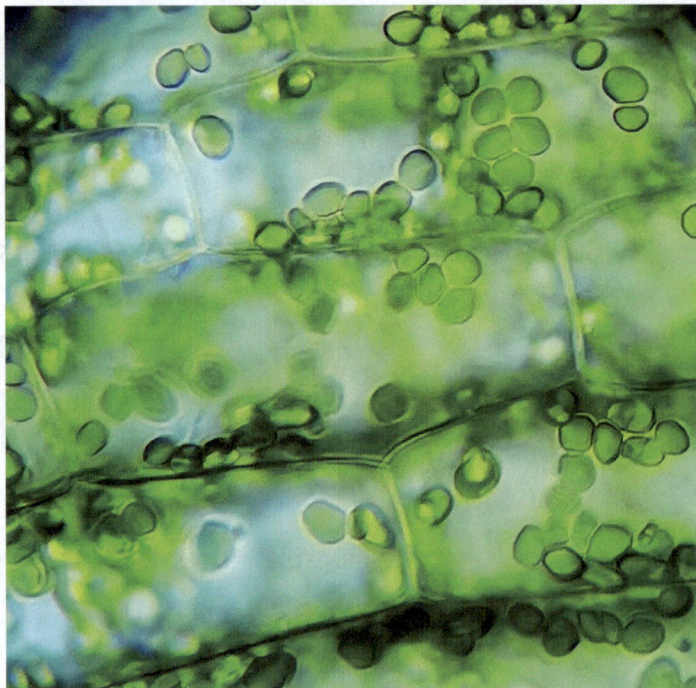

绿色植物的光合作用离不开叶绿体。图为显微镜下的黑藻细胞和细胞内的叶绿体。

叶绿体从哪儿来？

指含有真核的细胞，真核即被核膜包围着的核。

植物的共同祖先，已经是**真核细胞**了，真核细胞吞噬了蓝藻，蓝藻像是被俘虏的小兵，就成了质体，叶绿体就是质体的一种形态。

接着，这个共生的细胞，演化出了3个分支，分别是灰藻、红藻和绿藻。灰藻这一支最小，演化到现在总共只有10多种，成为了一个很小的类群。

绿藻这一支最大,我们现在看到所有的绿色植物都在这里。值得一提的是,从富含营养的小池塘里经常能捞出来的一种非植物非动物的单细胞小生物——眼虫,是吞了蓝藻的绿藻又一次被另一种真核生物吞噬之后的产物。所以,眼虫游来游去,看起来像是动物,但同时里面又满满地塞着"叶绿体"(注:只有植物里才叫叶绿体,严格来说,眼虫里的那些"叶绿体"应该叫载色体)。另外,眼虫也是水质富营养的重要指标,平时我们说要治理水质,也就是要让眼虫变少才行。

红藻这一支,包含我们经常吃的紫菜。某种古老的单细胞红藻第2次被吞噬,出现的新生物就包括海带,还有教科书上经常提到的草履虫。草履虫也不属于植物或者动物,而且,虽然曾经捕获过能进行光合作用的蓝藻,但后来又偶然丧失了光合作用能力,成为了半透明的、过着捕食生活的**单细胞生物**。

单细胞生物的身体只有一个细胞,常见的单细胞生物有草履虫、眼虫等。

这个演化树看起来非常自洽吧,但还有另一个理论认为细胞器来源于细胞自己,要么是细胞膜向内折叠形成的,要么是从细胞核上鼓了个"泡儿"出来后形成的。

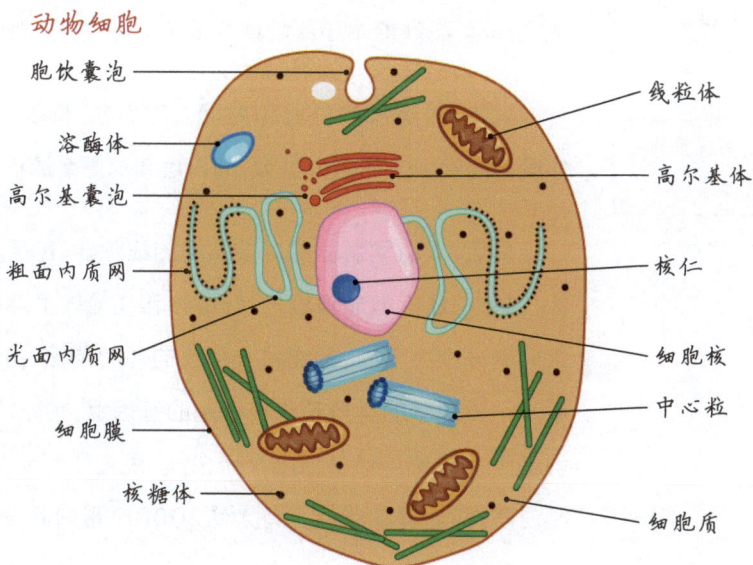

动物细胞

胞饮囊泡
溶酶体
高尔基囊泡
粗面内质网
光面内质网
细胞膜
核糖体

线粒体
高尔基体
核仁
细胞核
中心粒
细胞质

植物细胞

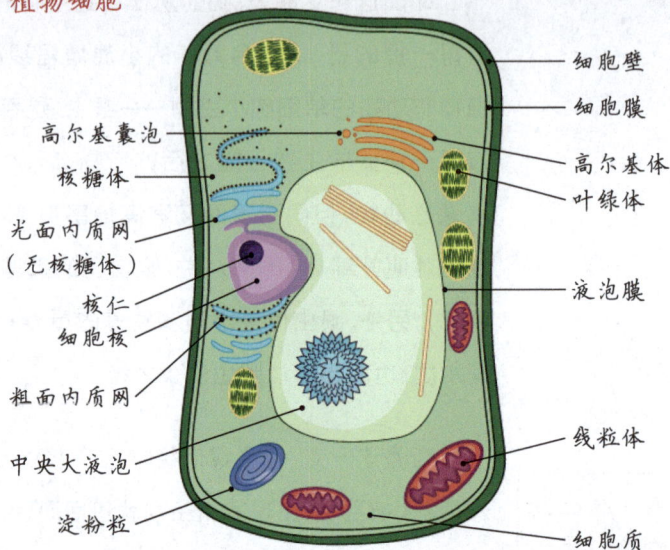

- 高尔基囊泡
- 核糖体
- 光面内质网（无核糖体）
- 核仁
- 细胞核
- 粗面内质网
- 中央大液泡
- 淀粉粒
- 细胞壁
- 细胞膜
- 高尔基体
- 叶绿体
- 液泡膜
- 线粒体
- 细胞质

等待更多证据

但内共生学说的魅力在于，它同时解释了一些长久以来困惑科学家的谜团。

首先就是前面提到的结构学上的疑惑：为什么细胞膜是简单的一层，而**叶绿体和线粒体**等细胞器却有两层膜。

叶绿体和线粒体都是细胞中的能量转换器。

其次，双层膜的外层和内层上的蛋白，有很大的不同，其中外层和细胞膜上的组分类似，而内层膜却更像原核生物。

最后，人们早就发现真核细胞的细胞器，包括叶绿体和线粒体，都和**原核细胞**非常相似。叶绿体和线粒体虽然在细胞里看起来只是一个小小的、不能独立存在的功能单元，但通常都还保留着一个微缩版的类似于原核细胞的基因组。比如，叶绿体里的小型基因组能编码最多200个蛋白质，线粒体也能编码最多63个蛋白质。而这些细胞器上有大约2000个蛋白质（整体都和它们

原核细胞没有真正的细胞核。

154

科学家的观点往往是根据事实提出的。对同一个问题，科学家因为研究的方法和手段不同，可能会发现不同的事实，提出不同的观点。对于同一个事实，科学家可能会有不同的观点。因此，在科学探究过程中，注意区分事实和观点是十分必要的。

的原核细胞祖先很相似），除了细胞器自己编码的蛋白，其他都是细胞核"送"给它们的。也就是说，一个小小的细胞器，是细胞核和它自己共同构筑的。科学家推测，在被吞噬之后的漫长岁月里，小原核细胞逐渐被"主人"俘虏，甚至夺去了一些生产能力。

不过，内共生学说也仍然只是一个**观点**而已，它从第一次被提出到现在已经有100多年的历史，经历过不被接受到逐渐完善，是目前最好的解释细胞器和现存细菌相似性的理论。演化生物学研究的是几乎不可能复现的过去，就像一个黑漆漆的山洞，我们找到的各种证据，就像在漫无边际的黑暗中照进一丝丝的亮光，随着亮光逐渐增多，我们就离看到真相更近一步。

知识点

光合作用实质上是绿色植物通过叶绿体，利用光能把二氧化碳和水转化成储存能量的有机体（如淀粉），并且释放出氧气的过程。

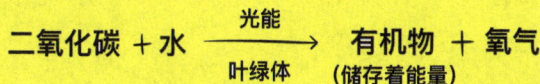

$$二氧化碳 + 水 \xrightarrow[叶绿体]{光能} 有机物 + 氧气$$
（储存着能量）

野生动物，你还好吗？

■ 赵翔

2021年2月，调整后的《国家重点保护野生动物名录》（以下简称《名录》）由农业农村部、国家林业和草原局向公众发布。

调整后的《名录》，共列入野生动物980种和8类；其中国家一级保护野生动物234种和1类、国家二级保护野生动物746种和7类。可以看到，原《名录》物种全部予以保留。其中豺、长江江豚等65种由国家二级保护野生动物升为国家一级保护野生动物，只有熊猴、北山羊、蟒蛇3种野生动物由国家一级保护野生动物调整为国家二级保护野生动物。

除此之外，新增517种（类）野生动物，其中，大斑灵猫等43种被列为国家一级保护野生动物，狼等474种（类）被列为国家二级保护野生动物。

布设在索加的红外相机拍到的狼。图片来源：山水自然保护中心。

布设在白水江的红外相机拍到的金猫。图片来源：山水自然保护中心。

食肉动物得到保护

在这个名录里，我们可以看到，食肉动物得到了足够的重视。狼、豺曾经在很长的时间里，因为和人类生产生活的广泛冲突而被列为"害兽"。而随着科学研究的深入和公众认知的不断提升，食肉动物在生态系统中的价值正在被越来越多地关注到。一个健康的生态系统，离不开食肉动物的调节和控制。

而除了大型的食肉动物之外，豹猫、藏狐、沙狐甚至适应力较强的貉、赤狐和椰子狸，以及新记录的亚洲胡狼，也获得了保护级别。这些年，由于和人类的冲突、栖息地的丧失，食肉动物毋庸置疑是被影响最大的群体。

这次《名录》调整中有一个很大的惊喜，就是金猫升到了一级保护动物。这种肌肉虬张的中型猫科动物这些年慢慢得到了大家的关注，在雅鲁藏布江大峡谷，六种色系的金猫轮番出镜，向我们肆意展示着它惊为天人的颜值。

整体上，这一次《名录》调整中，猫科、犬科以及灵猫科和林狸科，都获得了极大的重视。荒漠猫也被升到了一级，**未来，希望蚂蚁森林嘉塘保护地的"肥宅"荒漠猫，可以更好地生活。**

保护生物的栖息环境，保护生态系统的多样性，是保护生物多样性的根本措施。

《名录》中，犬科共有7种动物，1种一级、6种二级，这其中升级1种，新增6种，可谓是最大赢家。而灵猫科和林狸科共有8种被列入《名录》，5种新增、2种升级，希望这一次灵猫科可以真正走进大众的视野。

我们发现明星物种和公众关注发挥了作用。这些年，不断受到关注的江豚、豺、豹猫、藏狐，以及诸如青头潜鸭、藏鹀、几种犀鸟等物种，都得到了升级或者增补。

不过在这个名录里，仍然还有一些小遗憾。比如，貉、赤狐等犬科动物都能够进入保护名录，那么背纹鼬、缅甸鼬獾、虎鼬这些远比前者稀有而且种群现状不明、研究几乎为零的物种，也该得到足够的关注。

"肥宅"荒漠猫。
图片来源：山水自然保护中心。

除此之外，水獭值得更高的保护级别，目前除了欧亚水獭外，江獭和小爪水獭的状况在中国都非常不乐观。过去数年，只有屈指可数的记录。对于3种水獭的关注，可以关注对中国河流和湖泊，尤其是中等及小型河流的保护。

生物圈里的植物、动物和其他生物

生活在嘉塘草原的藏狐。图片来源：山水自然保护中心。

相比兽类和鸟类，两栖、爬行动物、鱼类等类群受到的关注相对要少，物种和保护等级的争议会更多。比如在龟鳖类中，整个华鳖属都没有进入，华鳖属有4种，分别是中华鳖、小鳖、砂鳖、东北鳖，其实生存的状况也都并不乐观。

栖息地的保护

近年来，我们不断地看到新发现的物种，以及物种种群恢复的新闻，这当然是值得欣喜的，不过这并不够。**生物多样性**能够给我们带来很多的福祉，我们不仅仅需要看到物种的种类和数量，还要看到一个整体的生态系统，也就是栖息地的保护。

那么关于自然保护，人与动物的边界在哪里？

不同物种生物的基因有所不同，每种生物都是一个丰富的基因库，生物种类的多样性实质上是基因的多样性。

有些物种生活在离人类较远的区域。比如雪豹，以生活在岩石地带的野生羊亚科物种为主要食物，栖息地恰好避开了人类的高强度利用区域，生活在高海拔的裸岩地带，当地牧民和它们可以相看两不厌。

159

有些物种和人类的土地使用重叠区域较大，冲突也不可避免，但未来也许可以通过一定的补偿方式实现共存，比如狼、豺和金钱豹。

但是，也有些物种似乎已经发展出了对人口密集区高度适应的生存模式，比如貉。复旦大学的研究显示在上海的很多小区里，仍然生活着较多数量的貉，它们正在逐步改变原有的习性，并学会了适应城市；除此之外，在长三角的部分市区和其周边，还有小灵猫这样的一级保护动物。你可以想象一下，你的小区里，抬头可以见到国家一级和二级保护动物，这当然一方面是生态保护成效的体现，另一方面也对未来城市的发展和人类行为带来了诸多的限制。

布设在青海玉树的红外相机拍到的欧亚水獭。
图片来源：山水自然保护中心。

出没于上海小区的貉。
图片来源：山水自然保护中心。

这些地方以及在这些地方生活的人该如何与这些升级和增补后的国家级保护动物和谐共处呢？这其实是对大众以及管理机构提出了更高的要求。

知识点

地球上的生物是极其丰富的，也是多种多样的。我国是生物种类最丰富的国家之一。